전속고발 수난시대

전속고발 수난시대

지철호 지음

HOLIDAYBOOKS

역사의 순리

'다모클레스의 칼(Sword of Damocles)'

한 줄기 가느다란 실에 매달린 길고 날카로운 칼이다. 기원전 4세기 고대 그리스의 디오니시우스 왕이 권력의 자리를 부러워하는 신하 다모클레스에게 왕좌에 앉아보도록 하고, 머리 위를 처다보도록 했는데 그 바로 위에 매달려 있던 칼을 말한다. 이 칼은 언제든지 아래로 떨어질 것 같다. 권력의 자리가 여유와 안락, 권한이 아니라 긴장과 위기, 절제라는 것을 상징한다.

공정거래법에 규정된 전속고발 폐지는 검찰 수사를 상징하는 이 '다모클레스의 칼' 아래로 권력자가 아니라 기업인을 앉히려는 것에 비유할 수 있다. 검찰이 기업에 대해 직접 수사할 수 있는 상황이라면 언제 닥칠지 모를 칼날의 두려움 때문에 기업 경영에서 자율과 창의, 활기가 사라지고 눈치와 모함, 위기가 판치는 상황에 빠질 것이다.

전속고발은 공정위의 고발이 없으면 검찰이 기소할 수 없도록 한 규정이다. 이 조항이 폐지되면 검찰이 기업을 직접 수사할 수 있게 되고, 이러한 수사와 관련하여 법조계의 역할이 막중해질 수 있다. 그러다보니 전속고발 폐지는 검찰을 비롯한 법조계의 오랜 염원이었다.

2018년 6월 검찰이 전속고발 폐지를 위해 대대적으로 움직였다. 공정위의 법 집행이 소극적이고 일부 대기업과 유착이 있다는 명분을 표면적으로 내세워 공정위를 급습했다. 그러나 검찰의 속내는 누가 봐도 기업에 대한 직접 수사권을 가지려는 것이었다.

검찰 수사는 이를 담당한 주체나 시점이 의심을 사기에 충분했다. 전속고발 폐지를 위한 협의가 진행 중이던 시기에 협상테이블에 앉았던 당사자가 뒤돌아서 마주 앉았던 상대방을 직접 내리치는 형태로 이루어졌다. 수사가 진행되면서 출처가 의심스러운 공정위의 비리나 혐의가 언론을 도배했다.

수사가 마무리될 때까지 전속고발 폐지를 위한 협의는 계속됐다. 마침내 2018년 8월 전속고발 폐지방안에 관한 합의문이 작성됐다. 수사 시작 후 대략 2개월이 지난 시점이었다. 수사가 진행되는 공포 상황에서 협의가 이루어지다보니 합의 없는 합의문이 만들어졌다.

이어서 전속고발 폐지를 위한 공정거래법 개정안이 마련됐고, 국회 논의가 시작됐다. 20대 국회에서 마무리하지 못하고 임기가 종료되어 21대 국회에서 다시 논의를 시작했다. 압도적인 다수 의석을 차지한 여당이 대통령선거 공약이기도 했던 전속고발을 폐지하는 것은 손바닥 뒤집기보다 쉬워 보였다.

그런데 검찰개혁이라는 변수가 복잡하게 작용했다. 당초 검·경수사권 조정으로 검찰의 수사 권한이 축소되는 것과 동시에 이에 대한 반대급부의 성격으로 전속고발 폐지를 통해 기업 수사권을 허용하는 방식으로 추진됐다. 그런데 검찰이 기업 수사권을 가져가려고 하면서 검찰개혁에는 소극적이거나 반대했던 것이 문제였다.

여당은 검찰개혁을 통해 검찰 권한을 축소하려고 했다. 그러나 전속고발이 폐지되면 검찰에게 기업 수사권이 주어져서 오히려 권한을 키워주게 된다고 판단했다. 전속고발 폐지 계획은 급선회했다. 전속고발 폐지에서 유지로 바뀌었다. 공정거래법 개정안이 국회 본회의를 통과하기 며칠 전이었다.

결국 전속고발 폐지는 없던 일이 된 채로 2020년 12월 9일 법 개정안이 국회를 통과했다. 검찰 수사, 전속고발 폐지방안 합의, 국회에서의 급선회 등 숱한 우여곡절 끝에 전속고발 조항은 최종적으로 유지됐다.

공정위의 법 집행에 문제가 있으면 개선해야 할 것이고, 부정과 비리가 있다면 엄정하게 대처해야 할 것이다. 그런데 문제가 있다고 전속고발 폐지라는 대책을 내놓는 것은 엉터리 진단에 엉뚱한 처방을 하는 것과 같다. 전속고발이 큰 수난을 겪었지만 유지된 것은 천만다행이었다. 특히, 기업이 '다모클레스의 칼'을 피할 수 있게 된 것이 그랬다. 전속고발 조항이 폐지되지 않은 것은 '역사의 순리'였다고 하겠다.

전속고발 문제를 둘러싸고 수많은 일이 일어났다. 뒤돌아보면 어처구니없거나 상상할 수 없는 일도 있었다. 이 책은 전속고발 문제와 관련된 내용을 하나하나 정리했다. 나의 주관적인 판단이라고 할 내용도 있을 것이고, 또한 능력의 한계로 일부를 누락하거나 과장했을 내용도 있을 것이다. 여러분들의 다양한 비판이 있기를 기대한다.

마지막으로 이 책에서 다룬 내용이 이처럼 기록으로 남겨지리라고 예상한 사람은 많지 않았을 것이다. 그런데 기록으로 남겨 정리하다보니 일부에게는 불편하고 거북한 내용이 포함되었을 가능성도 있다. 과거는 흘러가고 없어져야 할 것이 아니라 남겨서 뒤돌아봐야 할 것이다. 그래야 과거의 잘못을 되풀이하지 않고 계속 발전할 수 있을 것이다. 이 책을 쓰게 된 동기라는 점을 밝힌다.

프롤로그

CONTENTS

CONTENTS

제1부

공정거래위원회 습격 사건

1장. 검찰의 공정위 습격과 언론 보도

1. 수사 시작과 방송 뉴스

2018년 6월 20일 수요일 오전 9시, 검찰이 공정위를 습격했다.

서울중앙지검 공정거래조사부 검사와 수사관들이 출근 시간에 맞춰 공정거래위원회(이하 공정위) 사무실에 들이닥쳤다. 나는 이러한 사실을 전혀 모른 채 오전 10시에 개최되는 전원회의를 준비하고 있었다. 공정위 전원회의는 위원장, 부위원장을 포함한 위원 9명이 모두 참석하여 법 위반사건을 심의하는 최고의결기구로, 보통 수요일 오전 10시에 시작하여 저녁 늦게까지 진행한다.

오전 9시가 조금 지난 시각에 위원장이 급히 부위원장 집무실로 들어왔다. 보통은 기관에 무슨 일이 있으면 부위원장이 위원장 집무실로 가는 법이지만 이날은 정반대였다. 그만큼 검찰 수사라는 사안이 위급하면서 중대하다는 것을 의미했다.

나는 위원장에게 검찰이 조사를 시작했으니 차분하게 대응하자고 말했다. 검찰이 이미 오래전부터 공정위 관련 사항을 내사하고 있었고, 내사자 중에 현직 부위원장이 포함돼 있다는 구체적인 여러 정보(?)가 있었다. 검찰 조사가 있을 것으로 예상했으므로 차분하게 대응할 사안이었다. 다만, 조사 시기가 빨랐고 대규모라는 점은 예상 밖이었다.

오후 7시 정도까지 계속된 전원회의가 끝나고 위원장 집무실에 몇몇 간부들이 모였다. 검찰 수사에 대응하는 방안을 이야기했지만, 별다른 수가 없었다. 그저 수사에 협조하며 좋은 방안이 있는지 생각해보자는 말이 오갔다.

늦었지만 저녁 식사를 하려고 사무실을 나왔다. 직전까지 전원회의 중이라 진동상태였던 전화기를 확인해보니 부재중 전화, 문자, 메신저 등 읽지 못한 알림이 아주 많았다. 통화를 하지 못했던 기자들과 통화를 했다. 기자들의 취재내용을 들어보니 예상과 달리 수사가 심각하게 느껴졌다. 기자들의 전화는 계속 이어졌다. 식당에 도착해서도 정상적으로 저녁을 먹기가 어려웠다.

일부 기자나 지인들은 방송뉴스를 봤느냐고도 물었다. 오늘 8시 메인뉴스의 톱기사가 공정위에 대한 수사내용이고, 전·현직 부위원장을 수사한다는 내용도 포함됐다고 귀띔했다. 내가 중소기업중앙회 감사로 취업한 것에 대해 수사한다는 내용이었다. 저녁을 먹는 둥 마는 둥 하고 사무실로 돌아왔다. PC로 뉴스 다시보기를 시청했다.

이 날 SBS는 8시 메인뉴스에서 검찰이 공정위를 수사한다고 3개의 리포트를 제작해 약 5분 간 대대적으로 보도했다. 방송의 헤드라인부터 "수사받는 '경제검찰'.. 비위 덮은 정황"으로 검찰 수사가 공정위 비리를 겨누고 있다며 매우 자극적이고 충격적인 뉴스였다.

첫 번째 리포트는 "'경제검찰' 공정위 압수수색…수십 개 기업 비위 덮은 혐의"라는 제목으로 총 1분 47초 분량이었다. 공정위가 주식소유현황 등 자료 제출을 위반한 대기업을 눈감아 줘 수사가 이뤄졌다는 보도였다.

두 번째는 "고위 간부, 취업제한기관에 심사 없이 재취업"했다고 보도했다. 현직 부위원장을 포함한 여러 퇴직자들이 중소기업중앙회나 대기업에 불법 취업한 혐의가 있다고 1분 42초에 걸쳐 보도했다.

SBS는 8시 메인 뉴스에서 검찰의 공정위 수사를 3개 리포트로 제작하여 약 5분에 걸쳐 대대적으로 보도했다. 그런데 이처럼 보도하면서 수사 대상에게는 사실 확인을 위한 취재나 반론권을 무시한 채 일방적으로 보도했다.

세 번째는 "공정위 적폐에 대한 수사로 보는 게 적절"이라는 제목으로 1분 52초 분량이었다. 수사 배경에 대해서는 공정위 위원장을 겨냥했거나 전속고발권을 둘러싼 갈등이 아니라고 보도했다.

SBS는 공정위에 대해 사실 여부를 확인하는 취재도 없이 반론권도 무시한 채 보도했다. 세 번째 리포트에서는 현장을 생중계 방송으로 연결하는 등의 세심한 준비(?)도 했지만, 이번 검찰의 수사가 공정위 적폐에 대한 수사로 보는 게 적절하다며 검찰이 내세운 수사 이유를 그대로 대변했다. 정보를 준 곳만 일방적으로 취재한 단독 기사였다.

2. SBS의 일방적인 보도

> *"(검찰이) ..... 미리 수사의 방향과 표적을 정해놓고 수사과정을 언론에 흘려 수사 분위기를 유리하게 조성하고 어느 누구도 수사에 이의를 제기하지 못하는 분위기를 만들어 언론의 폭주를 제어하지도 못하고 ......"*
>
> (추미애 전 법무부장관, 2020년 12월 3일 SNS 글 중에서 발췌)

법무부장관과 검찰총장 간 갈등이 심각했던 2020년 12월 추미애 전 법무부장관이 검찰개혁 등과 관련해 사회관계망서비스(SNS)에 게재했던 글이다. 물론 이 글이 게재되기 훨씬 이전에 공정위에 대한 수사가 시작됐지만 이날 SBS의 보도는 SNS 글에서 지적한 내용과 정확히 일치했다.

언론은 누군가로부터 제공받은 정보를 바탕으로 수사 시작부터 수사 방향과 표적, 수사내용과 결론까지 보도했다. 그 누구도 수사에 이의를 제기하지 못하는 분위기를 조성했다.

특히, SBS에서는 이런 보도를 하면서 제대로 된 취재나 사실 확인을 하지 않았다. 예컨대 두 번째 리포트였던 '불법 취업'의혹 수사라는 보도에는 사실과 다르거나 부정확한 내용이 많았다. 중소기업중앙회가 취업제한기관이라거나 상임위원직을 마친 직후에 취업했다는 등의 보도내용은 사실과 달랐다. 법 규정을 살펴보았거나 기자가 조금만 취재했어도 쉽게 확인할 수 있는 내용이었다.

또한 공정위 현직 부위원장에 대한 의혹을 수사한다고 보도하면서 당사자에게 취재 사실은 고사하고 사실관계와 관련된 확인이 일절 없었다. 당사자는 보도 사실 자체를 모르고 있었고, 취재 요청이나 연락도 받은 적이 없었으니 일방적인 보도에 속수무책일 수밖에 없었다.

이후 공정위가 SBS 보도에 대해 6월 21일 해명자료를 배포하자 해당 보도를 담당한 기자는 나중에 인터넷 기사에서 다음과 같은 내용을 추가했다.

"위 보도에 대해 공정거래위원회는 공직자윤리위원회가 앞서 지철호 부위원장의 취업 건에 대해 '중소기업중앙회를 사전에 취업제한기관으로 인지하기 어렵다는 점'을 감안해 공직자윤리법 위반 대상에서 제외한 결정을 한 바 있다는 입장을 밝혔습니다."[1]

사전에 전혀 취재나 연락도 없이 일방적으로 방송 뉴스를 보도한 이후에 이러한 내용을 인터넷 기사로 추가하는 것이 무슨 의미가 있는지 이해하기 어렵다.

3. 다른 언론의 취재와 기사

검찰 수사가 SBS 뉴스에 대대적으로 보도되고 어떤 경로로든 언론에 알려지자 다른 언론사 기자들의 취재에도 불이 붙었다. 수사 당일 오후부터 수많은 기자들의 전화, 문자, 카톡이 끊이지 않았다. 특히 현직 부위원장이 수사대상이라고 알려져 기자들의 취재가 많았던 것 같았다. 나

---

1) SBS 뉴스, "고위 간부, 취업제한기관에 심사 없이 재취업", 2018. 6. 21. (원본 링크: https://news.sbs.co.kr/news/endPage.do?news_id=N1004811674, 2021년 8월 5일 확인).

는 전원회의를 마치고 틈틈이 언론 취재에 최대한 응대했다.

2018년 6월 20일 내가 언론과 통화한 내용을 정리하면 아래 표와 같다. 모두 8개 언론 매체와 저녁 7시 이후부터 밤 10시 반 정도까지 이런 통화가 계속됐다. 순수 통화시간을 모두 합하면 대략 45분 정도였다.

표1 | 2018년 6월 20일 취재 기자와의 통화기록

언론사 및 기자	통화 경위 및 시간
한국일보 박○○	오후 5시 54분, 7시 05분 2차례 수신전화를 못 받고, 리턴 콜로 7시 38분에 11분 29초 통화했고, 8시 34분에 1분 17초 통화
이데일리 김○○	오후 8시 28분 수신전화를 받고 3분 17초 통화
중앙일보 김○○	오후 8시 25분 수신전화를 못 받고 리턴 콜로 8시 32분에 2분 16초 통화
KBS 김○○	오후 1시 59분 수신전화와 7시 21분 수신전화를 못 받고 리턴 콜로 오후 8시 38분에 5분 26초 통화
YTN 고○○	오후 9시 17분 수신전화를 받고 2분 22초 통화
매일경제 석○○	오후 10시 03분 수신전화를 못 받고 리턴 콜로 10시 03분에 3분 41초 통화
서울신문 장○○	오후 10시 02분 수신전화를 못 받고 리턴 콜로 10시 08분에 2분 45초 통화
조선일보 최○○	오후 10시 11분 수신전화를 통해 12분 6초 통화했고, 다시 발신전화를 통해 오후 10시 23분에 15초 통화

기자들의 열띤 취재는 즉시 보도로 이어졌다. 언론 기사는 크게 두 방향으로 나뉘었다. 하나는 취재 내용이나 사실과는 관계없이 보도한 기사였다. 대표적으로 한국일보의 경우 6월 21일자 조간에서 머리기사로 "檢, 공정위 전·현 부위원장 '불법취업' 수사"라는 제목으로 보도했다. 이 기사는 SBS 보도와 유사하게 누군가가 흘려준 정보에 따라 쓴 일방적인 기사였다.

방송기사와 다른 점은 한국일보 기자가 나와 두 차례 통화를 통해 취재를 했다는 것이고, 기사에는 취재내용을 전혀 반영하지 않았다는 점이

다. 기사는 다른 기자의 이름으로 작성된 내용을 보도했던 것이다. 이 기사는 나중에 인터넷 포털에서 취재 내용을 반영하여 소제목을 추가하고 본문 내용 일부를 수정하면서 추가로 취재한 기자의 이름을 덧붙여 게재되었다.

한국일보의 2018년 6월 21일자 1면 기사를 인터넷 포털로 검색하면 "지 부위원장 "문제없다 답 들어"라는 소제목이 추가되고, 본문 중에 "이에 대해 지 부위원장은 한국일보와의 통화에서 '이미 4월에 공직자윤리위원회로부터 문제가 없다는 답을 들었다'며 관련 의혹을 인정하지 않았다. ○ 전 부위원장은 연락이 닿지 않았다."라는 부분이 추가된 수정 기사가 검색된다. 이 수정된 기사 내용은 보도 전날 취재했지만 기사에 반영하지 않았던 내용이었다.[2]

또 다른 하나는 취재 내용이나 사실을 반영하여 보도한 기사였다. 앞의 통화기록에 나타난 바와 같이 나를 직접 취재한 이데일리, 중앙일보, KBS, YTN, 매일경제신문, 서울신문, 조선일보(통화한 순서임) 등의 매체들이 보도한 기사는 일방적으로 보도하지 않았나. 이들 매체의 기사는 제목에서부터 일방적으로 보도한 SBS, 한국일보 기사와 달랐다.

'전속고발권 폐지'놓고 … 공정위 vs 검찰 기싸움 하나(이데일리)
검찰 "공정위, 자료 감췄다" 김상조 친위조직 수사(중앙일보 1면)
檢, 공정위 전격 압수수색(매일경제신문 1면)

---

2) 〈출처〉 한국일보, 원본 링크
https://www.hankookilbo.com/News/Read/201806201807312471

공정위 전·현직 부위원장 검찰 '취업 특혜' 수사(서울신문 8면)

검찰, 공정위 전관예우에 칼 빼들다(조선일보 12면)

기사 본문에서는 수사 사실과 함께 관련 당사자들을 취재한 내용이나 그들의 입장을 기사에 반영했다. 나에 대해서는 수사대상이라는 사실과 함께 "정부공직자윤리위원회 심사에서 문제가 없다는 통보를 받았다"는 내용을 각 매체가 모두 기사에 포함시켰다.

서울신문의 경우 1단 기사의 제목에서는 "공정위 전·현직 부위원장 검찰 '취업 특혜' 수사"라고 보도했지만 본문에서는 공정위 관계자를 인용하면서 "중기중앙회는 취업제한기관이 아니고, 지난 4월 공직자윤리위원회로부터 문제가 없다는 답변도 받았다"는 취재 내용도 함께 보도했다.

누군가가 흘려주는 정보에 의존한 일방적인 기사와 직접 현장을 취재한 기사는 제목이나 기사 내용에서 큰 차이가 있었다. 그런데 공정위 기사에서 현장을 취재한 기사가 설 자리는 점점 좁아졌고, 일방적인 정보에 의존한 기사가 넘쳐나기 시작했다. 언론의 폭주가 시작됐는데, 그 시작이나 배경은 짐작됐지만, 그 파장이나 종착 지점은 도무지 예상하기 어려웠다.

4. 보도에 대한 해명과 설명

2018년 6월 20일 SBS가 8시 메인뉴스의 두 번째 리포트에서 현직 부위원장에 대해 보도한 기사는 여러 부분이 사실에 부합하지 않았다. 대표적으로 "모두 취업제한기관", "불법 취업", "상임위원 마친 직후" 등은 사실이 아니었다. 예컨대, "(중소기업중앙회, 공정경쟁연합회) 모두 취업제한기관이었지만 취업 심사를 받지 않은 것으로 드러났습니다"라고 보도했지만, 당시 법 규정이나 나중에 법원 판결에서 중소기업중앙회를 취업제한기관으로 보지 않았다.

해당 내용은 언론의 기본이라고 할 수 있는 현장 취재를 전혀 하지 않고 보도한 내용이었다. 현직 차관급 공무원의 이미지와 명예에 치명적일 수 있는 내용을 보도하며 아무런 취재 없이 방송한 것은 어떤 변명으로도 설명되지 않는다.

보통 이런 보도에 대해서 당사자는 해명자료를 내고 언론에 정정 보도나 반론 보도를 요청하게 된다. 나도 당연히 이렇게 대응하기 시작했다. 먼저 내가 직접 해명자료를 작성하여 6월 21일 오전 8시에 공정위 출입기자들에게 배포했다.

주요 내용은 대기업에 취업한 것이 아니라 중소기업 단체에 취업한 것이었고, 공직자윤리법 규정상 취업제한기관으로 명시되지 않은 기관에 취업한 것이었다고 해명했다. 또한 퇴직 공직자의 취업 심사를 담당하는 공직자윤리위원회에서도 이미 해당 취업을 심사하여 법 위반으로 과태료 부과조차 하지 않았다는 내용을 밝혔다. 그리고 공직자윤리위원회의 결정내용을 통보해준 문서번호까지 적시했다.

이 해명자료의 효과는 있었던 것 같다. 여러 매체가 현직 부위원장을 포함하여 공정위에 대한 검찰의 수사를 다른 시각에서 보도하기 시작했다. 예컨대, 6월 22일자 언론보도에서 이런 제목의 기사들이 실렸다.

검찰, 공정위 군기잡기? 권한 남용 등에 불만 폭발한 듯*(한국일보 1면)*
리니언시까지 넘기라는 檢…버티는 공정위 손보기?*(서울신문 9면)*

보도해명자료

2018년 6월 21일(목) 배포	감사담당관실
수신 즉시 보도 가능	감사담당관: 유성욱(044-200-4098) 담당: 정민식 조사관(044-200-4101)

공정거래위원회

제목: 2018.6.20.(수) SBS 8시 뉴스 "〔공정위 ②〕 고위 간부, 취업제한기관에 심사 없이 재취업"보도 관련

〈언론 보도내용〉

□ SBS 8시 뉴스에서는 위 제목의 보도에서 "지철호 공정위 부위원장은 공정위 상임위원직을 마친 직후 중소기업중앙회를 거쳐 올해 1월 다시 공정위로 돌아왔습니다. ……… 모두 취업제한기관이었지만 취업 심사를 받지 않은 것으로 드러났습니다."라는 내용으로 보도하였습니다.

〈공정거래위원회 입장〉

□ 공정거래위원회는 검찰의 조사에 성실히 협조하고 있습니다.

□ 지철호 부위원장이 중소기업중앙회 감사를 거쳐 올해 1월 공정위로 돌아온 것은 사실이지만,

중소기업중앙회는 중소기업자의 경제적 지위 향상을 목적으로 하는 단체이고, **공직자윤리법 제17조(퇴직공직자의 취업제한)**에서 규정한 **취업제한기관으로 명시되어 있지도 않으며,**

공직자윤리위원회도 지 부위원장의 취업에 대해 중소기업중앙회를 사전에 취업제한기관으로 인지하기 어렵다는 점을 감안하여 공직자윤리법 위반에 따른 **과태료 부과 대상에서조차 제외하는 결정**을 한 바 있습니다.(정부공직자윤리위원회-382 문서, 2018.3.7.)

□ 이처럼 SBS 보도는 실제 사실과 다른 내용이므로 관련 기사 보도에 유의하여 주시기 바랍니다.

위 자료를 인용하여 보도할 경우에는
출처를 표기하여 주시기 바랍니다.
www.ftc.go.kr

SBS 8시 뉴스에 대한 공정위의 공식 해명자료. 이 해명자료 이후에는 사실과 다른 언론 보도에 대해서도 제대로 된 해명자료조차 낼 수 없었다.

공정위 심장 겨눈 檢, 전속고발권 폐지 '샅바싸움'?(세계일보 16면)

공정위·檢 '리니언시' 놓고 2라운드(국민일보 1면)

기업유착 수사냐, 전속고발권 폐지 둘러싼 氣싸움이냐(서울경제, 8면)

檢·공정위 전속고발권 다툼…'리니언시운영권' 핵심(이데일리 7면)

모두 공정위에 대한 검찰의 수사에 다른 배경이 있다는 보도였다. 이러한 보도를 정리한 내용으로 연합뉴스TV는 6월 27일 "검찰, 전속고발권 갈등 공정위 흠집 내기 수사 논란"이라는 제목의 기사를 방송하기도 했다. 수사 주체, 수사 내용, 수사 배경이나 시점에 대한 문제를 보도했다.[3]

주요 보도내용은 공정거래법을 위반한 기업을 조사하던 검찰 부서가 공정위 자체를 수사한다는 점, 수사 내용이 취업제한기관도 아닌 곳에 취업한 것을 문제시 한다는 것이었다. 그리고 수사 배경이나 시점도 전속고발권 폐지에 대해 협상하는 도중에 이루어졌다며 수사에 논란이 있다고 보도했다.

한편, 검찰 수사가 시작되면서 공정위 직원들의 불안감과 좌절감이 커지고 있었다. 그런 가운데 6월 29일부터 1박 2일간 전 직원 워크숍이 개최됐다. 이 워크숍에서 대다수 직원이 검찰의 공정위에 대한 대규모 수사와 현직 부위원장도 수사 대상이 된 것에 대해 많은 걱정과 우려를 표

---

3) 〈출처〉 연합뉴스TV, "검찰, 전속고발권 갈등 공정위 흠집내기 수사 논란", 2018.6.27일자, 원본 링크 https://news.naver.com/main/read.nhn?mode=LPOD&mid=etc&oid=422&aid=0000324879

시했다.

워크숍을 마치고 귀가하여 휴일에 나는 조직을 정상화하고 직원들을 안심시켜야겠다는 생각으로 편지를 썼다. 먼저, 직원들에게 법과 원칙에 따라 업무를 처리할 것과 청렴한 공직생활을 하라는 두 가지를 당부했다. 당연한 말이겠지만 수사받는 상황에서 특별히 당부하고 싶었다.

이어서 중소기업중앙회에 취업하게 된 배경, 사전에 공직자윤리법 위반 여부를 검토한 내용, 사후에 공직자윤리위원회에서 다시 한 번 검토하여 문제가 없다고 판단한 결과 등을 소상하게 설명했다. 쓰다 보니 6페이지 분량의 긴 편지가 되었다. 이 편지는 7월 2일 출근과 동시에 전 직원들에게 전자메일로 전송됐다.

이런 보도에 대한 해명과 직원에 대한 설명은 당사자 입장에서 당연히 할 수 있고, 또한 해야 할 행동이라고 생각했다. 그런데 수사기관 즉, 검찰의 입장에서는 용납하기 어려운 행동이었던 것 같았다. 수사를 방해하거나 약화시키려는 불순한(?) 행동이라는 것이다. 여러 경로를 통해 그런 소리가 내 귀에도 들려오기 시작했다.

5. 해명과 설명의 역효과

수사와 관련하여 당사자가 언론에 해명자료를 배포하고 직원들에게 설명하는 편지를 전송하면서 대략 두 가지 변화가 있었다.

첫째, 공정위와 언론과의 소통이 자의로든 타의로든 막히거나 제한되는 것이었다. 둘째, 수사기관과 언론과의 소통은 오히려 활발해지는 것이었다. 이런 기묘하게 불공정한 상황이 공정위에 대한 검찰의 수사가 끝날 때까지 계속됐다.

첫 번째 변화는 주로 공정위 상부의 지시 또는 횡적인 정보 소통 과정에서 나타났다. 수사 배경에 대해 위에서 설명한 바와 같이 다수 매체가 다른 시각으로 보도하자 곧바로 6월 22일 위원장 지시로 "금번 검찰수사 관련 공정위 입장"이라는 공식 입장문이 출입기자들에게 배포됐다.

공정위 입장은 크게 세 가지였다. 하나, 검찰 수사는 오래전부터 지적된 공정위의 과거 문제에 대한 것이고, 공정위는 검찰 수사에 성실히 임할 것이며 그 결과를 겸허히 수용한다. 둘, 전속고발권 폐지 여부와 이번 검찰 수사는 전혀 별개의 것이다. 셋, 공정위는 검찰 수사와 별개로 내부 혁신 노력을 배가할 것이다.

이런 입장과 함께 공정위 간부들에게 언론과의 접촉을 자제 또는 금지한다는 지시가 내려졌다. 특히 내게는 언론과 접촉하지 말라는 특별한 당부가 있었다. 그러다보니 추가적으로 해명자료를 내거나 정정보도 혹은 반론보도를 요청하는 것이 불가능했다. 이로써 공정위와 언론과의 소통은 막히고 말았다.

특히, 일부 언론에서 사실과 다른 기사가 계속 보도돼도 대응할 수 없었다. 이런 와중에 언론과 직접 접촉하지 않고 소통하는 특별한 방안을 생각해냈다. 그것은 사실과 다르거나 과장된 내용을 보도한 기자나 데스크에게 6월 21일 배포된 공정위 해명자료와 6월 27일 보도된 연합뉴스 TV 기사를 메일이나 팩스 등으로 전송하는 것이었다. 두 자료를 읽어보기만 하면 누구라도 사안의 본질을 짐작할 수 있을 내용이었다.

이런 방법은 언론과의 접촉을 최소화하면서 사실 보도가 이루어지도록 하는 데 어느 정도 효과가 있었다. 두 자료를 받아본 매체에서 기사를 수정하는 경우가 많았다. 아울러 언론사 기자들을 대상으로 수사의 배경이나 문제점 등을 효과적으로 홍보하는 기회(?)가 되기도 했다. 궁하면

통한다는 말이 실감나는 현장이었다.

이와는 대조적인 두 번째 변화는 수사기관과 언론과의 소통은 오히려 활발해지면서 공정위 수사와 관련하여 수많은 단독 기사가 쏟아진 것이었다. 검찰 주변에서 흘러나왔을 것 같은 정보를 소위 '단독' 또는 '특종'으로 보도한 기사가 대부분이었다. 물론 이 중에는 기자가 발로 뛰어 취재한 경우도 있었을 것이다. 어느 경우든지 수사상황을 생중계로 보도하는 것 같았다.

공정위 측에서 수사에 대해 해명하고 설명한 것이 역효과(?)를 낸 것처럼 보였다. 각 매체의 단독 기사는 SBS방송과 한국일보의 단독보도를 제외하고도 6월 하순부터 수사를 종결하고 기소한 8월 중순까지 약 40여 일 동안 20개를 넘었다.

> "수사과정에서 검찰의 의도에 따라 피의 사실이 언론에 공표되는 것도 문제다. 피의 사실 공표는 형법으로 엄격히 금지돼 있으나 실제로는 공공연하게 이뤄진다. 그 배경에는 '피의자 망신 주기'식의 나쁜 의도가 담겨 있는 경우가 많다. 그러나 최근 10년 동안 검찰에서 피의 사실 공표 혐의로 검찰 관계자를 기소했다는 이야기는 들어 보지 못했다."
>
> *(임수빈, 『검사는 문관이다』, 스리체어스, 2017, 10쪽)*

공정위 수사와 관련하여 보도되는 내용은 피의사실이라고 볼 수 없을 정도의 기사가 많았다. 단순히 공정위와 관련되거나 그 조직의 전·현직 직원에 대한 조사가 이루어지고 있다는 내용이었다. 그런데 거기에 부정

〈공정위 수사기간 중 보도된 주요 단독기사 제목〉

1. [단독] 검찰, ○○○○○ 압수수색 … 공정위 출신 불법취업 의혹
   (2018.6.26.일자, 한겨레)

2. [단독] 檢 ○○○○○○○ 압수수색 … 퇴직자 특혜 취업 의혹 수사
   확대 (2018.6.26.일자, 서울경제)

3. [단독] 검찰, ○○산업·○○○○○○○ 등 압수수색 … 공정위 전 간
   부 공직자윤리법 위반 의혹 (2018.6.26.일자, 경향신문)

4. [단독] 檢, 공정위 ○○○○과장 소환 … 취업알선 의혹 조사
   (2018.7.4.일자, 동아일보)

5. [단독] 검찰, ○○·○○○, ○○ 등 압수수색 … 공정위 간부 특혜 취
   업 의혹 (2018.7.5.일자, 한국일보)

6. [단독] "공정위 퇴직자 특혜 재취업, 보고라인 거쳐 위원장이 승인"
   (2018.7.6.일자, 동아일보)

7. [단독] 공정위, 수년간 퇴직자 10여 명씩 '억대 연봉' 대기업 취업 알
   선 (2018.7.6.일자, 한겨레)

8. [단독] 퇴직 전 '경력세탁'뒤 기업에 일대일 짝지어준 공정위
   (2018.7.6.일자, 한겨레)

9. [단독] "기재부 ○○도 취업" 수사 단서 된 지철호 '물귀신' 이메일
   (2018.7.6.일자, 한겨레)

10. [단독] 검찰, 공정경쟁○○○ 압수수색 … 공정위·기업 연결 창구
    의심 (2018.7.10일자, 한겨레)

11. [단독] 檢, ○○○ 등 前 공정위 간부 이르면 26일 영장 (2018.7.26. 일
    자, 동아일보)

12. [단독] "비고시 1억5천·고시 2억5천"… 재취업 연봉까지 정해 준 공정위 (2018.7.26.일자, 한겨레)

13. [단독] 공정위, 대기업에 OB채용 조직적 강요 (2018.7.27.일자, 한국일보)

14. [단독] 공정위, 퇴직자들 '자회사 인사' 하듯 기업에 꽂았다 (2018.7.30.일자, 한겨레)

15. [단독] "공정위, 법적근거 없는 가이드라인으로 기업 규제" (2018.8.8.일자, 조선비즈)

16. [단독] "공정위 의견서만 있으면 재취업 무사통과"(2018.8.8.일자, MBC)

17. [단독] 공정위 "재취업자 공무원 정년 맞춰라" 퇴직도 직접 관리 (2018.8.9.일자, 한겨레)

18. [단독] 박근혜 前대통령, 관피아 문제 삼자 … 공정위 "퇴직자 재취업 방침 바꾸자" (2018.8.10.일자, 동아일보)

19. [단독] 억대 연봉에 골프·학자금 요구 … 경제검찰 공정위 '재취업 갑질'(2018.8.19.일자, 매일경제)

20. [단독] "1년차 1억9천, 2년차 2억9천 달라"… 공정위의 치밀한 취업 갑질 (2018.8.19.일자, 매일경제)

21. [단독] 공정위 ○○ ○, 2개월 만에 ○○○○○ 합격 '일사천리' (2018.8.22.일자, 한겨레)

22. [단독] 엉터리 재취업 심사자료로 '낙하산'… 관행이라는 공정위 (2018.8.26.일자, 매일경제)

이나 비리 의혹이 있는 것처럼 부풀려진 내용으로 보도됐다. 수사 의도에 맞춰 언론 보도의 흐름이 만들어지고 있었다. 그 배경에 "'피의자 망신 주기'식의 나쁜 의도가 담겨 있는 경우가 많다"는 지적이 아주 정확한 것 같았다.

이런 보도에 대해 "검찰에서 피의사실을 언론에 공개할 때 정말 언론의 자유와 국민의 알 권리를 채워 주는 차원에서 얘기하는 것인지, 그걸 빌미로 일종의 낙인 효과를 노리는 것인지는 언론에서 구분해야 한다."[4] 라고 말하기도 한다. 그러나 약간의 재료만 있으면 낙인을 만드는데 능숙한 것이 언론일 것이므로 이런 재료 제공을 원천적으로 차단하는 제도가 만들어져야 할 것이다.

6. 한 신문의 이상한 기사들

옛 속담에 "때리는 시어머니보다 말리는 시누이가 더 밉다"는 말이 있다. 시어머니가 며느리를 혼내는데 시누이가 말리는 척하면서 오히려 며느리를 해하는 상황이다. 검찰이 공성위를 수사하는 것을 보도하던 언론 중에서 마치 시누이 같은 역할을 했던 한 신문사가 있었다.

한겨레신문은 6월 21일 조간에서는 "검찰, 공정위 압수수색…퇴직간부 불법취업 의혹"이라는 제목으로 사실에 입각한 보도를 했다. 그런데 이후의 보도에서는 공정위에 대한 수사는 물론 나에 대한 수사와 관련하여 단독 기사를 9개 정도나 쏟아내면서 일방적인 정보에 의존한 기사를 보도하기 시작했다.

---

4)　임수빈, 『검사는 문관이다』, 스리체어스, 2017, 155~156쪽.

특히, 나에 대한 기사를 보도하며 이런 기사를 여러 번 반복하기도 했다. 공정위 출신이 대기업에 취업하여 대기업의 업무를 방해한 것을 수사하는 것과 내가 중소기업을 대표하는 단체인 중소기업중앙회에 취업한 것을 공직자윤리법 위반으로 수사하는 것은 사안의 성격이 달랐다. 그럼에도 불구하고 양자 모두를 불법 취업으로 묶어 보도했다. 소위 '물타기'방식의 보도였다.

〈공정위에 대한 수사를 집중 보도한 한 신문사의 기사 제목〉

1. 공정위 부위원장 '불법 취업' 혐의 입건됐는데… "취업제한기관 명시 안됐다" 강변하는 공정위(6월 23일, 8면)

2. [단독] 검찰, ○○○○○ 압수수색…공정위 출신 불법취업 의혹(6월 26일, 인터넷 기사. 이 기사는 최초 보도에 대해 해명하여 일부 수정됨)

3. [단독] 공정위, 수년간 퇴직간부 10여 명씩 대기업 취업 알선(7월 6일 1면)

4. [단독] 공정위는 퇴직 전 '경력 세탁'…기업은 '억대 연봉'제안(7월 6일 10면)

5. [단독] "기재부 ○○도 중기청 ○○도 심사 없이 취업" 수사 단서 된 지철호 '물귀신' 이메일(7월 6일 10면)

6. 혀를 내두르게 하는 공정위의 '재취업 비리' 의혹(7월 9일 27면)

7. [단독] 검찰, 공정경쟁○○○ 압수수색 … 공정위·기업 연결 창구 의심 (7월 10일 인터넷 기사)

8. 취업제한기관인 줄 몰랐다는데…(7월 10일 인터넷 기사)

9. 공정위 퇴직자들은 뒷돈, '○○○'은 로비·돈세탁 창구 의혹(7월 14일 11

면. 이 기사는 최초 인터넷 보도에 대해 해명하여 일부 수정됨)

10. 재취업 강압 공정위의 '갑질 불감증'(7월 19일 인터넷 기사. 이 기사는 명백히 사

    실이 아닌 내용이 포함되어 수정을 요구했음에도 불구하고 수정 없이 그대로 인

    터넷 기사로 게재함)

11. 공정위 특혜취업 수사 정점으로…ㅇㅇㅇ 오늘 소환(7월 25일 12면)

12. [단독] "고시 출신 2억5천, 비고시는 1억5천" 공정위, 재취업 연봉까

    지 정해줬다(7월 27일 12면)

13. [단독] 공정위 "고령자 적체 해소" 명시 '자회사 인사'내듯 기업에 꽂

    았다(7월 30일 9면)

14. [단독] 공정위 "재취업자 공무원 정년 맞춰라" 퇴직도 직접 관리(8월

    9일 인터넷 기사)

15. [단독] 공정위 ㅇㅇㅇ, 2개월 만에 ㅇㅇㅇㅇㅇ 합격 '일사천리'(8월 22

    일 인터넷 기사)

내가 2018년 8월 13일 서울중앙지검으로 조사를 받으러 가는 과정에
서 한겨레신문 담당 기자는 이해하기 어려운 행동도 보여주었다. 조사
당일 검찰 측은 비공개로 조사가 진행된다고 사전에 나에게 알려왔었는
데 어떻게 된 일인지 현장에 도착해보니 청사 앞에는 엄청난 보도진이
자리 잡고 있었다.

"공정위 부위원장이시죠?" 청사 앞 계단을 오르던 나에게 누가 물었다.
"예. 그렇습니다."
"오늘 조사받으러 오셨지요?" 재차 물었다.

"예. 그런데 누구시죠?"

"한겨레신문 ○○○ 기잡니다."

"그래요. 명함 있으면 주실래요?"

내 말에 기자가 주춤했다. 뒤로 한 발 물러서던 기자가 운집해있던 기자들 쪽을 향해 소리쳤다.

"이 분이 공정위 부위원장입니다."

그러자 청사 앞에 운집해있던 보도진의 카메라 플래시가 일제히 터지고 TV카메라가 작동하기 시작했다. 그리고 한겨레신문은 다음날인 2018년 8월 14일자 10면에 "'불법 재취업' 지철호 공정위 부위원장 피의자 조사"라는 제목으로 아주 크게 보도했다.[5] 기사는 내가 서울중앙지검에 출석하는 모습을 2단 36줄 크기의 사진으로 싣고, 그 아래에 2단 38줄의 기사를 덧붙이는 형태였다.

한겨레신문의 기사는 다른 매체보다 한발 빠른 내용이 많았고, 특히 단독 기사가 많았다. 그런데 보도내용은 검찰이 수사하는 과정에 있던 내용이 대부분이었다. 그리고 수사가 막 시작됐음에도 불구하고 기사 내용은 이미 현직 부위원장을 불법 취업자로 사실상 단정하여 보도하고 있었다. 그 보도는 오로지 검찰 측 정보를 바탕으로 했지, 기자의 자체 취재를 통한 것은 찾기 어려웠다. 게다가 일부 사실과 다른 내용도 있었다. 언론과의 접촉이 제한되어 이런 기사에 일일이 대응하기도 어려웠다.

---

5) 이 신문기사는 현재 인터넷 포털에서는 검색되지 않고 한겨레신문의 해당일자 지면 신문 보기에서만 찾아볼 수 있도록 되어있다.

표2 | 전속고발 수난 관련 주요 연표

연도	공정거래위원회(공정위)	공정위-다른 기관 / 다른 기관
2017	• 공정위, 법집행 개선 TF 출범(8. 29) • 공정위 법집행 개선 TF, 전속고발 논의(10. 20)	• 대통령, 공정위원장 김상조 임명(6. 13)

2018	• 공정위 법집행 개선 TF, 전속고발 논의(1. 5)
	• 공정위, 2018년 업무계획 발표(1. 26)
	  - 유통 3법, 표시광고법 등 전속고발 폐지 방침 발표
	
	• 공정위, 법 전면개편 특별위원회 출범(3. 16)
	
	• 공정위 법 전면개편 특별위, 전속고발 논의(6. 4)
	  - 전속고발 의견은 폐지 4명, 보완 5명으로 나타남
	
	• 공정위, SBS 보도에 대한 해명자료 배포(6. 21)
	• 공정위, 검찰 수사 관련 입장 발표(6. 22)
	• 공정위, 전 직원 워크숍 개최(6. 29~30)
	  - 부위원장, 전 직원에게 편지 메일 발송(7.2)
	
	• 공정위 법 전면개편 특별위, 최종 보고서 발표(7. 30)
	• 공정위원장, 부위원장 사퇴 요구→거부(8. 16~)
	• 공정위원장, 부위원장 업무배제(8월 중순~)
	• 공정위원장, 조직 쇄신방안 발표(8. 20)
	• 공정위, 전속고발 폐지 포함 법 개정안 입법예고(8. 24)
	• 공정위, 전속고발 폐지 포함 법 개정안 국무회의(11. 27)
		• 검찰, 서울중앙지검 조직 확대(2월)
		  - 3개→4개 차장, 공정거래조사부는 4차장 산하
		
		• 공정 부위원장-법무 차관, 전속고발 협의(5. 3)
		• 공정 부위원장-법무 차관, 경제수석 보고(5. 4)
		• 공정위원장-검찰총장 면담(5. 11)
		• 공정위-법무부, 전속고발 실무 협의(5. 31)
		
		• 공정위-법무부, 전속고발 실무 협의(6. 5)
		• 공정위-법무부, 전속고발 실무 협의(6. 11)
		• 공정위-법무부, 전속고발 실무 협의(6. 15)
		• 검찰, 공정위 수사 시작(6. 20)
		  - 서울중앙지검 공정거래조사부가 직접 수사
		
		• 인사혁신처, 공직자윤리법 시행령 개정(7. 2)
		  - 중소기업중앙회 같은 협회를 취업심사대상에 포함
		• 공정위원장-법무상관 면담(7. 4)
		• 공정위-법무부, 전속고발 실무 협의(7. 5)
		• 공정위-법무부, 전속고발 실무 협의(7. 27)
		
		• 검찰, 공정거래조사부 4차장→3차장 개편(8월)
		• 검찰, 공정위 부위원장 조사(8. 13)
		• 검찰, 공정위 수사 마무리와 결과 발표(8. 16)
		  - 공정위 전·현직 직원 12명 기소(전직 10, 현직 2)
		• 공정위원장-법무장관 전속고발 폐지 서명식(8. 21)

연도	공정거래위원회(공정위)	공정위-다른 기관 / 다른 기관
2019	• 공정위 부위원장, 업무배제→복귀 요구(2.1) • 공정위 부위원장, 설 연휴 이후 업무 복귀(2.7)	• 법원, 공정위 수사 사건 지방법원 선고(1.31) • 대통령, 정책실장 김상조 임명(6.21) • 법원, 공정위 수사 사건 고등법원 선고(7.26) • 대통령, 공정위원장 조성욱 임명(9.9)
2020	• 공정위, 전속고발 폐지 포함 법 개정안 재 입법 예고(6.11) • 공정위, 부위원장 지철호 사퇴(8.14) • 공정위, 전속고발 폐지 포함 법 개정안 재 국무 회의(8.25)	• 법원, 공정위 수사 사건 대법원 선고(2.13) • 정치권, 제21대 국회의원 선거 실시(4.15) • 국회 본회의, 공정거래법 개정안 통과(4.29) - 전속고발 폐지 등을 제외한 절차규정 개정 (20대 국회) • 당·청 회의, 전속고발 유지로 급선회(12.6) • 국회 정무위, 전속고발 폐지→유지 의결 (12.8) • 국회 본회의, 공정거래법 개정안 통과(12.9) - 전속고발 조항을 현행대로 유지

기자가 열심히 발로 뛰며 취재하여 기사화하는 것은 당연하고 그런 언론의 막중한 역할은 아무리 강조해도 지나치지 않는다. 그러나 특정 정보원에 의존하거나 일방적인 시각에서 취재한 것을 단독 기사라고 보도하는 것은 언론의 기본을 망각한 것이다. 편향된 언론이 초래하는 사회적 역기능은 그 어떤 사회악보다 나쁘다는 것을 보여준 사례였다.

2장. 억지 기소와 '찍어내기' 시도

1. 수사 마무리와 여파

검찰은 2018년 8월 13일 현직 부위원장에 대한 조사를 마지막으로 공정위 수사를 마쳤다. 약 2개월에 걸친 대규모 수사였다. 수사 결과는 8월 16일 각 언론에 보도됐다. 검찰이 공정위 전·현직 간부 12명을 기소했다는 내용이었다.

기소는 크게 2가지 유형이었다. 하나는 공정위 퇴직 공무원을 채용하도록 대기업에 압력을 행사했다는 업무방해 등 혐의가 8명이었다. 다른 하나는 퇴직 후 재취업하면서 공직자윤리위원회 심사 등을 거치지 않았다는 공직자윤리법 위반 혐의가 6명이었다. 2명이 중복으로 기소되어 총 12명이 재판에 넘겨졌는데, 3명은 구속 상태였고, 9명은 불구속 상태였다. 이 가운데 부위원장을 포함한 현직 공무원 2명은 불구속 상태로 기소됐다.

이런 수사 결과는 충격적이었다. 공정위가 대기업의 불공정행위를 조사하는 권한으로 대기업을 압박하여 퇴직자들을 재취업시켰다는 혐의가 포함됐기 때문이었다. 공정위는 즉시 수사 결과를 겸허히 받아들이고, 자체 쇄신방안을 내놓겠다는 입장을 밝혔다.

이어서 8월 20일 공정위는 위원장이 직접 나서서 조직 쇄신방안을 발표했다. 퇴직자의 재취업에 대해 일절 관여 금지, 전·현직 공무원의 사적 접촉 전면 금지, 업무상 접촉 사실에 대한 보고 의무 등이 포함됐다. 이와 함께 공정위의 권한이 비대해진 원인을 개선하기 위해 전속고발제를 폐지하고, 법 집행 권한을 지방자치단체에 이양하는 등 공정거래법 집행에 경쟁 원리를 도입한다는 내용이었다.

〈공정위 조직 쇄신 방안 발표〉

- '명목불문' 퇴직자 재취업 관여 일체 금지
- 사건 관련된 전현직 사적 접촉 전면 금지···위반시 중징계(현직)·출입정지(전직)
- 현장 조사·사무실 전화 등 공적 접촉도 의무적으로 보고
- 취업제한기관 등에 재취업한 퇴직자, 퇴직일부터 10년간 이력 공개
- 4급 이상 현직, 비사건 부서에 3회 이상·5년 연속 발령 차단
- 특별승진 제도 개선, 재취업 심사 매뉴얼 작성 등 자체 심사 강화
- 기업·로펌 등 외부 교육과정 참여 및 유료강의 금지

공정거래위원회

〈출처〉 https://www.sedaily.com/NewsView/1S3FO04PX6

> 공정위 조직 쇄신방안을 보도한 2018년 8월 21일자 서울경제신문 기사 내용 발췌.
> 그런데 쇄신방안에는 본문 내용은 아니었지만 향후 계획에서 공정위의 전속고발제를 폐지한다는 내용이 포함되었다.

공정위의 조직 쇄신방안이 마련됐지만 사태가 진정되기는커녕 악화되고 있었다. 대표적으로 공정위 직원들의 사기가 바닥으로 떨어지고 있었다. 다른 부처 등으로 전출을 신청하는 공정위 직원이 100여 명에 이른다는 보도[6]가 이런 사정을 단적으로 보여주는 것이었다.

물론 검찰의 수사로 시작된 공정위 사태는 기존의 부정적 관행을 고치기 위한 조직 쇄신방안을 마련하는 계기가 되기도 했다. 그런데 더욱 눈여겨봐야 할 중요하고 실질적인 변화는 이 사태를 계기로 전속고발을 폐

---

6) 2018년 8월 21일자 서울신문 2면, "고개 숙인 김상조 "퇴직자 이력 10년간 공시···현직과 접촉 금지"", 국민일보 1면, "직원 엑소더스···공정위 '휘청'" 기사 등 참조.

지하는 것이 불가피하다는 분위기가 부지불식간에 형성된 것이었다. 국회나 언론, 시민단체 등이 모두 이런 분위기에 흠뻑 빠졌다. 이후에 계속 설명하는 내용이지만 엉터리 진단을 바탕으로 엉뚱한 처방의 시작은 이렇게 일단락됐다.

2. 무리한 수사와 억지 기소

검찰이 공정위 전·현직 간부 12명을 무더기로 기소한 내용을 자세히 살펴보면 무리했거나 과도한 부분이 있었다. 대표적인 사례의 하나가 당시 현직 부위원장을 기소한 것이라고 하겠다. 다른 사례에 대해서는 당사자가 아니어서 수사 내용을 설명하거나 판단하는 것이 부적절하여 언급하지 않겠다. 이후부터 공정위 수사·기소 사건 중에서 다른 당사자에 대해서는 특별한 경우를 제외하면 다루지 않고 나와 관련된 사례에 대해서만 다루기로 한다.

> *"검찰은 수사와 기소라는 권한을 아무런 제한 없이 쓸 수 있고 필요에 따라 마음껏 써왔다. 죄가 없는 게 뻔해도 수사를 진행하고 기소를 감행해서 당사자를 괴롭힌 일도 한두 번이 아니다."*
> *"검찰은 독점적 수사 개시권을 통해 기획 수사를 할 수 있고 나아가 표적 수사나 한발 더 나아가 보복 수사도 할 수 있다. 검찰은 수사권만 갖고 있는 기관이 아니다. 검찰은 기소권을 독점하고 있고 기소할 수도 불기소 처분을 내릴 수도 있는 기소재량권을 갖고 있다. 수사권과 기소권, 이게 검찰 권력의 핵심이다."*
>
> (김희수·서보학·오창익·하태훈, 『검찰공화국, 대한민국』, 도서출판 삼인, 위 7쪽, 아래 225~226쪽)

검찰이 현직 부위원장을 수사하고 기소한 사례가 바로 위와 같은 지적과 비슷할 것 같다. 내가 공정위 상임위원을 퇴직한 이후 중소기업중앙회 감사로 취업한 것은 사실이었다. 그런데 중소기업중앙회가 퇴직 공무원이 취업하며 사전에 취업 심사를 받아야 하는 기관인지 아닌지에 대한 여부는 조금도 고려하지 않았다. 검찰은 당연히 심사기관이라는 것을 전제로 했다.

나는 법령에 규정이 없는 점, 중소기업단체라는 기관의 특성, 다른 취업자들도 심사를 받지 않고 취업한 관행, 취업 전에 심사대상인지 여부를 공정위와 중소기업중앙회 등을 통해 확인한 점, 정부공직자윤리위원회도 나중에 심사하여 문제시하지 않은 결과 등을 주장했지만 검찰은 오불관언(吾不關焉)의 태도였다. 검찰이 그 권력의 핵심인 수사권과 기소권을 맘대로 행사하여 수사하고 기소한 것이었다.

나는 검찰의 수사가 무리했고, 더 나아가 기소까지 한 것은 억지였다고 판단했다. 이렇게 주장할 수 있는 것은 뒤에서 설명하는 바와 같이 1심부터 3심까지의 판결문 내용을 대강 훑어봐도 쉽게 이해할 수 있다. 그럼에도 불구하고 검찰이 현직 부위원장을 무리하게 수사하고 억지로 기소한 데는 다른 속사정이 있었을 것으로 추측된다.

3. '찍어내기' 시도

검찰이 현직 부위원장을 기소한 이후에 도저히 이해할 수 없는 일이 벌어졌다. 당시 위원장이 2018년 8월 16일 오후 내게 직접 전화해 부위원장직에서 사퇴하라고 정식으로 요구한 것이었다. 기소되어 직무 수행이 부적절하니 정무적으로 판단해서 사퇴하라는 것이었다. 마침 나는 검찰 조사를 마치고 잠시 여름휴가를 내고 고향에 내려가 있을 때였다.

검찰의 기소 사실이 언론을 통해 발표된 지 몇 시간도 지나지 않아 이런 요구를 받아들일 수 없었다. 나는 공소장 내용이라도 확인하고 사퇴 여부를 결정할 문제라고 말하며 이 요구를 거절했다. 사흘이 지난 8월 19일에 위원장이 다시 전화하여 더욱 강력히 사퇴하라는 요구를 했고, 나 역시 이런 요구를 강력하게 거절했다.

8월 20일경에 8월 16일 자로 발송된 공소장을 받았지만 기소한 이유를 알 수가 없었다. A4 용지 1페이지 반 정도 분량의 공소장에 나의 개인 이력만 죽 나열하고 마지막 몇 줄에서 공직자윤리위원회 심사를 받지 않고 취업해 약 1년 동안 월급을 받았다는 것이 전부였다. 취업 심사 대상기관이라고 법령에 명시적인 규정이 없는데 공소장은 당연히 심사 대상기관이라는 것을 전제로 작성되어 있었다.

이런 기소에 대해 위원장은 사퇴를 계속 요구했다. 이를 거부하자 업무에서 배제하겠다고 하면서 더욱 강력하게 수차례에 걸쳐 사퇴를 압박했다. 그리고 직원들에게 업무배제를 지시했고 점차 배제하는 업무를 넓혀 나갔다.

부위원장이 현직으로 재직하는 상황이므로 부위원장 업무로 규정되어 결재해야 하는 업무를 제외하고 다른 업무를 배제했다. 예컨대, 간부회의를 비롯한 내부 회의 참석, 국회 관련 업무나 언론 대응, 차관회의를 포함한 외부 회의 참석, 공정위 전원회의 참석 등에서 배제한 것이었다. 나중에 국회 국정감사에서 공정위 전원회의 참석을 배제한 것이 문제가 된다는 지적 등이 있기도 했다.

업무 배제나 사퇴 요구가 강해질수록 나는 더 강력히 사퇴를 거부했다. 이런 갈등이 계속 심화됐다. 이 과정에서 나는 아무런 법적 근거도 없고 전례도 찾을 수 없는 업무배제를 당하기는 했지만 사퇴하지는 않았다.

부위원장의 직위는 공정거래법 규정에 따라 3년 임기가 규정되어 있고, 금고 이상의 형의 선고를 받은 경우에만 면직할 수 있도록 하여 신분이 보장되고 있다.[7] 내가 사퇴를 거부한 것은 이런 규정이 있어서가 아니었다. 검찰의 기소 내용이 터무니없는데도 불구하고 기소됐다는 이유로 사퇴하는 것은 공정위 조직의 독립성에 문제가 될 것이기 때문이었다. 사퇴 거부 사실을 언론에 분명히 밝히기도 했는데, 연합뉴스에서 "'공직자윤리법 위반 기소' 공정위 부위원장 사임 안 한다"라는 제목으로 보도하기도 했다.[8]

검찰이 사회 정의를 위해 수사하고, 그 결과에 따라 공소를 제기하는 것은 당연하다. 그렇지만 수사 목적이나 결과, 공소 제기가 도무지 사회 정의와는 거리가 먼 경우가 있고, 이러한 남용행위가 문제로 지적되기도 한다. 대표적인 남용행위의 하나가 표적 수사라고 한다.

"검찰권은 실로 다양한 방식으로 남용되고 있다. 표적 수사가 대표적이다. 표적 수사는 범죄 혐의를 발견해 죄를 처벌하기 보다는 특

---

7) 독점규제및공정거래에 관한법률 제39조(위원의 임기) 공정거래위원회의 위원장, 부위원장 및 다른 위원의 임기는 3년으로 하고, 1차에 한하여 연임할 수 있다.
제40조(위원의 신분보장) 위원은 다음 각호의 1에 해당하는 경우를 제외하고는 그 의사에 반하여 면직 또는 해촉되지 아니한다.
1. 금고이상의 형의 선고를 받은 경우
2. 장기간의 심신쇠약으로 직무를 수행할 수 없게 된 경우.
8) 연합뉴스, "'공직자윤리법 위반 기소' 공정위 부위원장 사임 안 한다", 2018.8.29일자, 인터넷 기사. http://app.yonhapnews.co.kr/YNA/Basic/SNS/r.aspx?c=AKR20180829150300002&did=1195m

'공직자윤리법 위반 기소' 공정위 부위원장 사임 안 한다

'사임설' 지철호 부위원장 "법정서 유무죄 가릴 것"

최근 검찰의 수사로 기소돼 사임설이 나온 지철호 공정거래위원회 부위원장이 직을 유지하겠다는 뜻을 밝혔다.

지 부위원장은 29일 연합뉴스와 통화에서 일각에서 나온 사임설에 대해 "사임하지 않고 검찰의 기소에 대한 법정 다툼을 벌이겠다"고 말했다.

그는 "이럴 때 사임하면 오히려 공정위의 독립성에 문제가 생길 수 있다"며 최종 법원의 판단이 나올 때까지 자리를 유지하겠다는 뜻을 밝혔다.

(이하 생략)

<출처> 연합뉴스, 이대희 기자. 20018.8.29일자

정한 사람의 죄를 짜내 사법 처리하는 데 수사의 목적이 있다. 미국과 일본에서도 큰 문제로 지적되는 검찰권 남용의 유형이다."

"범죄 혐의나 고소, 고발이 있어서 수사하는 것이 아니라, 먼저 어떤 사람을 대상으로 삼아 무슨 혐의가 없는지 수사하는 경우도 있다. 이것을 '표적 수사'라고 한다. 검찰은 표적이 된 사람의 범죄 혐의를 찾아내기 전 까지 수사를 종결하지 않는 집요함을 보이기도 한다. 검찰권의 남용은 바로 여기서부터 시작된다고 할 수 있다."

(임수빈, 『검사는 문관이다』, 스리체어스, 2017, 위 9쪽, 아래 18쪽)

검찰이 현직 부위원장을 대상으로 기소한 것은 일종의 표적 수사라고 볼 수 있었다. 그리고 기소를 빌미로 사퇴하라고 요구하는 것은 나를 조직에서 소위 '찍어내기'하려는 것이었다고 하겠다. 그래서 사퇴를 단호히 거부하면서도 업무에서 배제하는 것은 불가피하게 수용했다. 왜냐하면 업무배제마저 받아들이지 않으려고 조직 내에서 갈등을 키우면 무슨 일이 일어날지 상상하기도 어려웠기 때문이었다.

4. 재판 결과＝표적수사(?)

공정위 수사 사건에 대한 재판은 비교적 신속히 진행되어 2019년 1월 31일 1심 선고가 있었다. 나에 대한 재판 결과는 무죄였다. 나중에 받아본 판결문을 살펴보면 "죄가 없는 게 뻔해도 수사를 진행하고 기소를 감행해서 당사자를 괴롭힌 일"이었거나 또는 "특정한 사람의 죄를 짜내 사법 처리하는 데 수사의 목적이 있다"는 표적수사에 해당하는 사례였다고 하겠다.

판결문은 크게 2가지로 나누어 판단했다.

첫째, 중소기업중앙회가 취업제한기관에 해당하는지 여부였다. 이에 대해 법원은 공직자윤리법과 중소기업협동조합법 규정과 형벌 규정 해석에 관한 법리, 공직자윤리법의 문언과 체계, 중소기업중앙회의 특성 등을 종합하고, 중소기업중앙회의 실질적인 정회원을 기준으로 판단할 때 중소기업중앙회는 구 공직자윤리법에서 정한 취업제한기관에 해당하지 않는다고 판단했다.

특히, 공직자윤리법 시행령은 내가 중소기업중앙회 상임감사에서 공정위 부위원장으로 취임하고, 검찰 수사의 표적이 된 이후였던 2018년 7월 2일 개정됐다. 현재는 중소기업중앙회가 취업제한기관에 해당하는 것으로 명시적으로 규정되어 있다. 그러나 나의 취업 시기는 시행령이 개정되기 이전이었다. 그렇다면 형벌 규정을 해석하는 기본적인 법리인 죄형법정주의 원칙에 따라 시행령이 개정되기 이전에 취업한 나를 기소하는 것이 부적절했다는 것은 두말할 필요가 없다.

둘째, 중소기업중앙회가 취업제한기관이 아니라고 오인한 것이 법률의 착오에 해당하는지 여부였다. 이에 대해 법원은 취업 동기, 입법의 불비, 취업 이전에 검토한 증거, 기존 심사 사례, 공직자윤리위원회의 결정 내용, 인사혁신처의 법률자문 결과 등을 포함한 8가지 사유를 종합하면 중소기업중앙회가 취업제한기관에 해당하지 않는 것으로 오인한 행위는 그 오인에 정당한 이유가 있는 것으로 판단했다.

1심 판결문은 죄형법정주의 원칙에 어긋나고, 관련 법 규정에도 부합하지 않으며, 법률의 착오에도 해당하지 않는다는 사실을 적시했다. 뒤집어 보면 검찰의 기소가 얼마나 무리했는지를 그대로 설명하고 있었다.[9]

나는 1심 선고 다음날인 2월 1일 오전 위원장을 면담하고 업무에 복귀할 것이라고 말했다. 그리고 설 연휴를 마치고 2월 7일부터 부위원장 업무를 재개했다. 업무에서 배제된 지 약 6개월 만이었다. 일부 언론이나 사정을 잘 모르는 외부인들은 1심에서 무죄를 받았으니 부위원장을 사퇴할 것이라는 추측도 했지만 나는 사퇴하지 않았다.

검찰은 1심 판결에도 항소했고, 2심 판결에도 상고했다. 다음 판결에서 승소하려는 의도라기보다 피고인을 계속 괴롭히려는 의도처럼 보였다. 검찰의 항소로 2019년 7월 26일 2심 선고가 있었는데, 결과는 역시

---

9) 본서 참고자료의 공직자윤리법 위반사건, 1~3심 판결문 참조.

무죄였다. 검찰이 2심 결과에도 불복했다. 마지막으로 2020년 2월 13일 대법원 선고가 있었고 그 결과도 역시 무죄였다.

공정위 관련 12명에 대한 사건의 최종 재판 결과(내 경우를 포함)를 보면 업무방해 등 혐의에서 4명이 유죄였고 4명은 무죄였다. 공직자윤리법 위반 혐의에서 2명이 유죄였고 4명이 무죄였다. 중복되는 경우를 감안하면 6명이 유죄였고 6명은 무죄였다.

현직 부위원장을 대상으로 사실상 표적 수사를 했던 사건은 완전히 끝났다. 업무배제라는 방법까지 동원하여 사퇴시키려는 시도도 물거품이 됐다. 2018년 6월 20일 수사에서부터 2020년 2월 13일 대법원 선고로 마무리되기까지 약 1년 8개월간의 긴 싸움이었다.

나는 최종적으로 대법원에서 무죄 판결이 확정되고 형사보상 청구권을 행사했다. 2020년 11월 17일 516만 원의 형사보상금을 받았는데 그동안 재판하는 데 들어간 비용과 겪었던 고통에 비해 턱없이 적은 금액이었지만 큰 의미가 있었다.

> "주요 언론에서 나의 무죄 소식을 언급했지만 구속 보도 때와는 비교도 안 될 만큼 작게 다루었다. 우리나라 언론은 구속될 때 크게 다루고 실제 재판에서 무죄가 나도 제대로 다루지 않는다. 고쳐져야 할 관행이다. 나같이 당하는 사람은 억울할 뿐이다."
>
> (변양호, 『변양호 신드롬』, 홍성사, 2013, 179~180쪽)

위 책에서 지적한 것과 동일하게 검찰 수사가 시작되며 대대적으로 보도했던 언론이 재판 결과에는 대부분 잠잠했다. 대부분의 언론은 소위 '공정위 취업비리' 판결에 대해 유죄 선고 내용을 중심으로 보도하면서 나에 대해서는 간략히 무죄라는 사실만 보도했다. 무죄 이유나 배경에 대해서는 대부분 보도하지 않았는데, 한국일보의 경우 2019년 2월 1일자 17면에 "'공정위' 김상조·지철호 갈등 풀릴까" 제목의 기사에서 나의 무죄에 대한 법원의 판단 이유나 배경을 일부 보도하기도 했다.

특히, 메인 뉴스나 단독 기사를 쏟아냈던 언론일수록 무죄 사실에 대해서는 조용했다. 이전 보도가 부적절했다는 것을 감추려는 의도였을지도 모르겠다. 그러나 바람직한 언론의 태도와는 거리가 멀었다. 그야말로 당하는 사람만 억울했다.

제2부

검찰 수사의 명분과 속내

1장. 검찰 수사의 명분

1. 언론 보도된 표면적인 수사 이유

검찰이 공정위를 수사하며 내세운 이유는 공정위가 법 위반기업을 제대로 고발하지 않았다는 것이었다. SBS 8시 뉴스[10]는 2018년 6월 20일 검찰이 공정위를 압수 수색한 배경에 대해 자세히 보도했다. 이에 따르면 공정위와 검찰 간에 전속고발 폐지에 대해 갈등을 빚었던 게 수사 배경이 아니라 다른 사건을 수사하는 과정에서 공정위 수사의 단서를 포착했다는 것이었다.

구체적으로 살펴보면 검찰은 공정위가 공정거래법 제68조에 해당하는 대기업을 고발해 벌금형 부과도 가능한데 경고 조치만 했다는 것이다. 소위 '대기업 봐주기'의혹을 제기하며 공정위에 대한 수사의 필요성이나 정당성을 강조했던 것이다. 이후 대다수 언론은 표면적으로 공정위가 대기업에 대해 가벼운 처벌을 해 수사를 받게 되었다는 내용을 계속 보도했다.

---

10) 〈출처〉 SBS 8시 뉴스, "'경제검찰' 공정위 압수수색…수십 개 기업 비위 덮은 혐의", 2018.6.20일 원본 링크 : https://news.sbs.co.kr/news/endPage.do?news_id=N1004811675

공정거래법 제68조[11]란 주식 소유 등을 허위로 신고하거나 보고하는 대기업에 대해 1억 원 이하의 벌금을 부과할 수 있도록 규정한 조항이다. 자산총액이 5조 원 이상이 되는 대기업집단을 공시대상기업집단이라 하고 이들 소속 기업은 공정위에 주식 보유 현황 등을 신고해야 한다. 이러한 절차 위반에 대해 공정위는 일부 대기업만 고발하고 나머지는 행정처분인 '경고' 조치를 했던 것이다. 검찰은 이를 공정위 수사의 표면적인 이유로 문제 삼았다.

2. '무조건 고발'하라는 무리한 요구

공정거래법 제68조 적용대상이 되는 대기업이란 기업집단 관련 신고나 자료제출 의무를 위반한 경우이다. 대기업은 총수의 계열회사, 친족, 임원, 주주 현황, 주식소유 현황 등에 관한 자료를 작성하여 신고하거나 제출해야 한다. 그런데 이러한 신고나 자료 제출이 워낙 복잡하고 그 분량도 방대하며, 그 내용이 수시로 변동되다 보니 위법이 발생할 수 있다.

이러한 의무를 이행하는 과정에서 대기업이 고의로 중요한 내용을 위

---

11) 공정거래법 제68조(벌칙) 다음 각 호의 어느 하나에 해당하는 자는 1억 원 이하의 벌금에 처한다.
　　1. 제8조(지주회사 설립·전환의 신고)의 규정에 위반하여 지주회사의 설립 또는 전환의 신고를 하지 아니하거나 허위의 신고를 한 자
　　2. 제8조의2(지주회사 등의 행위제한 등)제7항을 위반하여 당해 지주회사 등의 사업내용에 관한 보고를 하지 아니하거나 허위의 보고를 한 자
　　3. 제13조(주식소유현황등의 신고)제1항 및 제2항의 규정에 위반하여 주식소유현황 또는 채무보증현황의 신고를 하지 아니하거나 허위의 신고를 한 자
　　4. 삭제 〈2017. 4. 18.〉
　　5. 제50조(위반행위의 조사등)제1항제2호의 규정에 위반하여 허위의 감정을 한 자.

반하는 경우도 있고, 실수, 단순 오기, 기간 경과 등과 같은 일이 일어날 수도 있다. 이러한 공정거래법 제68조 적용대상 기업의 고발 여부에 대해 공정위 같은 행정기관에 재량이 있느냐 아니면 무조건 검찰에 고발해야 하느냐가 문제되었다.

공정위는 고발 여부에 재량이 있다는 전제로 경미한 사건을 고발하지 않고 경고했고, 일부 대기업에 대해서만 고발했다. 검찰은 공정위가 나머지 대기업을 봐주면서 고발하지 않은 것으로 보았다. 공정거래법 제68조 적용대상 기업에 대한 조치수준과 관련하여 공정위와 검찰의 판단이 달랐던 것이다.

그런데 제68조 대상을 모두 고발하는 것은 여러 가지 측면에서 타당하지 않고, 그럴 필요도 없다고 하겠다. 법원 판례는 "공무원이 가벌성 기타 사정을 고려하여 고발하지 아니함이 상당하다고 판단되는 때에는 고발하지 않을 수 있다"고 한다. 더구나 공정위는 고발 여부나 경고를 개인 공무원이 아니라 위원회 의결로 결정하는 절차적 합리성도 갖추고 있다.

또한 신고나 자료제출 의무는 대기업 등에 부과되는 실체적인 의무를 이행하는지 여부를 점검하고 확인하는 수단인데, 경미한 사항까지 모두 고발할 필요가 없을 것이다. 그리고 모두 고발할 경우 이를 처리하는데 행정력 낭비 등이 초래된다. 식품의약품안전처, 방송통신위원회, 중소벤처기업부, 금융위원회, 인사혁신처 등 여러 행정기관들도 법령을 운영하며 재량에 따라 고발 여부를 결정한다.

따라서 검찰이 공정거래법 제68조 적용대상인 대기업을 무조건 고발해야 하는 것처럼 요구한 것은 무리한 것이었다. 그리고 이들 대기업을 모두 고발하지 않았다는 이유로 공정위를 수사한 것은 형식적인 법적용 논리를 내세워 수사할 명분을 만든 것이라고 하겠다.

한편, 공정위는 제68조 대상 기업에 대해 보다 투명하고 일관된 법집행을 위하여 2020년 9월 2일 「기업집단 관련 신고 및 자료제출의무 위반행위에 대한 고발지침」을 공정거래위원회 예규로 제정했다.[12] 이 규정에서 공정위는 위반행위의 고의성과 중대성을 종합적으로 고려하여 고발 여부를 판단하도록 했다.

고의성이란 행위자의 행위 당시 의무위반에 대한 인식 여부, 행위의 내용·정황·반복성 등의 정도를 고려하여 판단한다. 그리고 중대성이란 위반행위의 내용·효과, 경제력집중 억제시책의 운용에 미치는 영향 등을 고려하여 판단한다. 이를 통해 공정위는 고발 기준을 명문화하여 운영하게 되었다.

3. 검찰의 수사 결과와 자업자득

검찰은 2018년 6월부터 몇 달에 걸쳐 공정거래법 제68조 대상기업을 계속 압수 수색하며 수사를 계속했다. 이와 함께 공정위를 퇴직한 직원들이 재취업한 대기업을 거의 예외 없이 수사대상으로 삼으며 재취업 수사에 집중했다. 표면적으로 내세운 제68조 대상기업에 대한 수사는 물론 재취업 수사를 동시에 진행했다. 이래저래 수많은 기업들이 검찰의 수사 대상이 됐다.

그리고 검찰(서울중앙지검 공정거래조사부)은 제68조 대상기업에 대한 수사를 마무리했다. 2018년 11월 21일 4개 그룹 회장 4명과 ○○○그룹 3개 회

---

12) 매일경제신문, "공정위, '허위 신고·자료제출 대기업' 총수 검찰고발 기준 마련", 2020.9.7. 일자 인터넷기사.

사, ○○그룹 9개 회사, ○○그룹 1개 회사 등 13개 기업을 각각 법정 최고인 벌금 1억 원에 약식기소했다.

검찰 수사에서도 대주주 일가의 사익추구 위험성이 없거나 단순 지연신고 등 21건은 기소유예했다.[13] 검찰도 이들 21개 대기업의 위반행위는 벌금형을 부과하기에 부적절할 정도로 경미하다고 판단했던 것이다.

참고: 용어해설 **약식기소**

검사가 피의자에 대해 징역형이나 금고형이 아니라 재산형을 내려달라고 재판을 청구하는 것을 약식기소라 한다. 재산형(벌금·과료 또는 몰수)을 내릴 수 있는 사건에 해당되며(형사소송법 448조), 피고인은 법정에 출석하지 않아도 되고, 검사가 약식기소를 할 경우에 구속된 피의자를 석방해야 한다. 즉 판사는 공판절차를 거치지 않고 피고인을 법정에 출석시키지 않은 채 수사기록 서류만으로 재판한다.
그러나 판사가 약식절차에 의하는 것이 불가능하거나 부적절하다고 판단할 경우에는 정식재판에 회부하여 공판을 열어 재판할 수도 있으며, 피고인이나 검사가 판사의 약식명령에 불복이 있으면 7일 이내에 정식재판을 청구해야 한다.(형사소송법 450·453조)
약식기소에 의해 재판에서 재산형을 받은 뒤 정식재판 청구기간이 지나거나 청구의 취하, 청구 기각결정이 확정되는 때에는 확정판결과 동일한 효력을 갖는다.(형사소송법 457조)

검찰 수사로 곤욕을 치렀던 대기업이나 회장 중에서 일부는 벌금형을 그대로 받아들였다. 이처럼 정식재판을 청구하지 않은 경우에는 벌금형이 확정됐다. 그러나 다른 모 대기업 회장 1명과 ○○그룹의 9개 회사는 정식재판을 청구했다.

---

13) 경향신문, "'주식 소유 허위 신고' ○○○·○○○ 벌금 1억 원 약식기소", 2018. 11. 21. 일자, 인터넷기사. 〈원문보기:〉 https://www.khan.co.kr/national/court-law/article/201811211459001#csidxd5992cd4525fbc391f3401bb4230d93

정식재판을 청구한 해당 대기업 회장은 5개 기업의 공시를 누락한 혐의를 받았다. 그런데 이러한 공시 누락이 단순 실수에 불과하다며 정식재판을 청구했다. 법원은 그 회장의 경우 허위자료가 제출될 가능성을 인식했어도 고의가 있었다는 증거가 부족하고, 공시 담당 직원도 고의가 없었고 실수가 있었다며 무죄를 선고했다.[14]

또한 ○○그룹 9개 회사는 지분 현황을 허위 신고한 혐의였는데 역시 정식재판을 청구했다. 법원이 구체적인 판결 이유를 설명하지는 않았지만 계열회사 9곳에 각각 벌금 1억 원을 선고했던 것을 1천만 원으로 판결했다. 9개 기업의 벌금액이 총 9억 원에서 9천만 원으로 대폭 경감됐다.[15]

법원은 계열회사 누락이나 지분 현황 신고 등의 위법 여부에 대한 판결에서 검찰 입장과 달랐다. 법원이 검찰의 무리한 법적용에 대해 사실상 제동을 걸었다고 하겠다.

이처럼 공정거래법 제68조 적용과 관련하여 공정위와 검찰의 판단이 달랐고, 이에 대해 법원의 판결이 내려졌는데, 그 이후에 법집행 현장에서 혼란스러운 일이 발생했다. 어느 한 그룹이 계열회사 20개에 대한 신고를 누락한 사건에서 공정위는 2020년 2월 16일 해당 그룹의 책임자를 검찰에 고발했다. 해당 그룹이 위반한 행위의 고의성과 중요성을 고려한

---

14) 서울경제신문, "'계열사 공시 누락' ○○○ ○○○ 의장 무죄 확정", 2020. 2. 27. 일자 인터넷 기사, 원문보기 : https://www.sedaily.com/NewsView/1YZ330QWC1
15) 연합뉴스, "'지분현황 허위신고' ○○ 계열사들 벌금 대폭 감경", 2021. 1. 15. 일자 인터넷 기사.

판단이었다. [16]

그런데 검찰은 2020년 3월 23일 고발된 그룹의 책임자에 대해 무혐의 처리했다. 계열회사 자료를 고의로 허위 제출했다고 인정하기 어렵다고 판단했다. [17] 공정거래법 제68조 대상기업에 대해 모두 고발하라는 입장이었던 검찰이 실제로 공정위가 고발하자 무혐의 처분을 했다. 이와 같은 위법행위에 대해 무리하게 법을 적용하다 법원에서 제동이 걸린 경험이 있던 검찰이 이번엔 물러나는 모습이었다.

이러한 사례는 공정위가 명확한 고발 기준에 따라 고발 여부를 판단하지 못해 발생한 측면이 있다. 그리고 검찰이 공정위에 대한 수사부터 제68조 대상기업에 대한 약식기소까지 무리수를 계속하다 법원의 제동으로 멈추면서 발생한 측면도 있다. 검찰의 무리수가 초래한 자업자득(自業自得)이었다고 하겠다.

이와 같은 법집행으로 해당 기업은 경영 활동에 어려움을 겪거나 큰 비용을 부담했을 것이다. 공정위나 검찰이 비판받아 마땅하고, 실제로 언론에서 비판적인 기사가 많이 보도되었다. [18] 두 기관의 부적절한 법집행이었고, 마치 고래 싸움에 새우 등 티지는 깃처럼 기업에 피해를 줬는데, 다시 되풀이하지 말아야 할 것이다.

---

16) 연합뉴스, "공정위, ○○○ ○○○ 검찰 고발…21개 계열사 누락 보고", 2020. 2. 16. 일자 인터넷 기사.

17) 세계일보, ""고의 인정 어렵다" ○○○ ○○○ 창업자 '계열사 누락' 무혐의", 2020. 3. 24. 일자, 인터넷 기사.

18) 한국경제신문, "무혐의 처분 난 ○○○ '자료 누락'…공정위 과잉행정 아니었나", 2020. 3. 24. 일자 35면, 헤럴드경제, "무리하게 ○○○ 고발했던 공정위, 뒤늦게 지침 마련", 2020. 4. 9. 일자, 인터넷 기사.

4. 언론에 드러난 검찰 수사의 속내

검찰은 수사 시작부터 줄곧 공정위의 대기업 봐주기 의혹에 대해 수사한다는 입장이었다. 그러나 검찰이 표면적인 수사 이유를 강조할수록 언론은 실제로 수사를 시작한 속내를 파고들었다.

그리고 언론은 그 속내를 쉽게 간파하고 보도하기 시작했다. 그런 내용의 보도는 2018년 6월 20일 검찰의 공정위 수사 직후부터 기사화됐다. 대다수 언론은 검찰 수사가 전속고발권 폐지를 둘러싼 갈등이라는 사실을 지적하며, 공정위와 검찰의 상반된 입장을 보도했다. 기사의 제목에 두 기관의 갈등이 그대로 드러났다.

리니언시까지 넘기라는 檢…버티는 공정위 손보기? (6. 22일, 서울신문 9면)

전속고발권 폐지엔 합의했지만 공정위, 공동리니언시엔 부정적

"기업에 자수 두 번 하라는 얘기" 檢 "공동 운영…정보 공유 취지"

공정위 심장 겨눈 檢, 전속고발권 폐지 '샅바싸움'? (6. 22일, 세계일보 16면)

검찰 "공정위가 조사하는 사건 캐비닛속에서 사라져도 몰라"

공정위, 미묘한 시점…의도 의심 "檢 수사와 별개…폐지 신중해야"

공정위·檢 '리니언시' 놓고 2라운드 (6. 22일, 국민일보 1면)

양측, 전속고발권 폐지 합의 '○○ 봐주기' 의혹으로 공정위, 압수수색 당했지만

檢이 전관 취업까지 엮은 건 '리니언시 확보 위한 계산' 분석

기업유착 수사냐, 전속고발권 폐지 둘러싼 氣싸움이냐 (6. 22일, 서울경제, 8면)

檢, 공정위 압수수색 관련 4가지 의문점 ①갑작스러운 압수수색 왜? ②전속고발권 폐지 놓고 기 싸움? ③공정위, 실제로 기업 유착 있었나? ④공정위의 '합의된 침묵'

왜?

檢·공정위 전속고발권 다툼…'리니언시운영권'핵심(6.22일, 이데일리 7면)

공정위 "담합 적발할 유일한 제도 檢에 넘어가면 제도 자체 무너져"

檢 "위법 땐 처벌' 인식 심어야 리니언시 제도 제대로 기능할 것"

이러한 보도가 시작되자 공정위가 즉시 대응하기 시작했다. 6월 22일 위원장 지시로 "금번 검찰 수사 관련 공정위 입장"이라는 공식 입장문이 출입기자들에게 배포됐다. 검찰 수사는 오래전부터 지적된 공정위의 과거 문제에 대한 것이고, 전속고발권 폐지 여부와 이번 검찰 수사는 전혀 별개의 것이라는 내용이었다. 이런 입장과 함께 공정위 간부들에게 언론과의 접촉을 자제 또는 금지한다는 지시가 내려졌다.

그러자 검찰 수사의 속내를 보도하는 기사는 거의 사라졌다.[19] 왜냐하면 속내를 보도한 기사를 부인하는 공식 입장문이 나왔기 때문이다. 그리고 이후부터 이런 기사를 찾기 어려워졌다. 그 대신에 공정위에 대한 수사상황, 확인되지 않은 퇴직자의 재취업 관련 비리, 혐의라고도 보기 어려운 재취업 관련 기사늘이 못불 터지듯 언돈 매체에 보도되기 시작했다.

그러나 검찰 수사의 속내는 이미 언론을 통해 전부 드러난 상태였다. 그것은 전속고발권 폐지를 둘러싼 갈등을 부처 간 협의가 아니라 일방적으로 유리하게 해결하려는 의도에서 수사가 시작되었다는 것이었다.

---

19) 연합뉴스TV, "검찰, 전속고발권 갈등 공정위 수사 논란", 인터넷 기사, 2018.6.27. 일자, 한국일보, "공정위-검찰 '리니언시' 놓고 힘겨루기" 2018.7.3. 일자, 15면, 조선일보, "[Why]공정위 압수수색한 검찰의 속내는…재벌 수사 주도권 갈등?", 2018.7.14일자, 인터넷 기사 등의 보도가 있었다.

2장. 검찰 수사의 속내

1. 전속고발 폐지를 위한 압박 수단

검찰이 공정위를 수사하면서 품고 있던 속내는 다수 언론에서 보도한 내용과 같이 전속고발 폐지를 압박하려는 것이었다고 보는 것이 적절하다. 이런 속내를 검찰은 감추고 싶겠지만 감추려고 할수록 더 드러나는 것이 세상의 이치라고 하겠다.

검찰의 겉과 속이 다르다고 볼 수 있는 이유가 있다. 공정위와 검찰 사이에 전속고발 조항을 둘러싸고 오랜 갈등이 있었다. 이런 상황에서 대통령 공약으로 전속고발 폐지가 추진되는데, 이 공약이 차질 없이 신속하게 추진되게 하도록 검찰 수사가 이루어졌다고 볼 수 있다.

우선 공정위와 검찰 간에는 해묵은 갈등이 있었다. 전속고발 조항에 따라 공정거래법 위반사건을 검찰이 직접 수사할 수 없고 공정위가 먼저 조사했기 때문일 것이다. 이런 갈등은 여러 번 표출되었는데 공정위가 차관급 기관에서 장관급 기관으로 격상된 시기의 갈등이 대표적일 것이다.

이 사건은 1996년 3월 8일 김인호 공정거래위원장이 장관급으로 취임한 직후에 일어났다. 위원장이 취임한 첫 날에 검찰이 현직 국장을 구속했고, 곧 이어 다른 국장도 구속했던 것이다.

> *(검찰이) 갓 취임한 기관장인 나에게 최소한의 사전 통보도 없이, 기관의 가장 중요한 국장 두 명을 구속한 것이다. 물론 구속할 만한 사유가 있으면 당연히 구속해야 하는 것이고, 유·무죄의 최종 판단*

은 법원이 할 터이니 지켜보면 되는 일이지만, 문제는 그 과정이 적절했는가였다.

언론을 비롯해 알 만한 사람들은 이 사태를, 공정거래법 집행과 공정위의 기능과 위상을 놓고 법무부와 검찰이 공정위를 '견제'한 것으로 보았다. 공정위와 법무부·검찰 사이에는 공정거래법 입법 과정에서부터 지속적인 갈등이 있어 왔다."

(김인호, 『明과 暗 50년 -한국경제와 함께-』, 도서출판 기파랑, 2019, 368쪽)

검찰의 이와 같은 행태는 정부부처 간에 있을 수 있는 이해 상충이나 견해 차이를 비정상적인 방법으로 해결하는 방식이다. 특히 검찰이 다른 기관의 입장이나 존재를 인정하지 않으면서 사정기관에게 주어진 공권력을 특정 목적을 달성하기 위해 남용하는 사례였다.

"기관이 가지고 있는 공적 권한을 기화로 상식적으로 납득되지 않는 방법으로 상대 기관의 활동을 제한하거나 침해하는 것은 아무리 후진국이라도 법치국가에서는 있을 수 없는 일이다. 검찰 등 사정기관들이 국가가 법률로 준 공권력을 사유물처럼 남용하는 이런 행태는 지금도 별로 개선된 것 같지 않다."

(김인호, 『明과 暗 50년 -한국경제와 함께-』, 도서출판 기파랑, 2019, 369쪽)

검찰은 법조계가 염원하던 전속고발 폐지가 대통령 공약으로 추진되는 데 기꺼이 힘을 보태려고 했을 것이다. 전속고발 규정을 폐지하는 법 개정안이 국회를 통과할 때까지 무슨 변수가 생길지 예상하기 어렵다. 공정위를 비롯한 경제 관련 부처의 이견, 경제계를 중심으로 하는 반대, 학계 전문가들의 비판, 국회 입법 과정에서의 논의 등에 대비할 필요가 있었을 것이다. 이를 위해 공정위를 전격 수사했다고 보는 것이 적절하다.

2. 검·경수사권 조정이라는 변수의 등장

문재인 정부에서 검찰개혁은 매우 중요한 국정과제의 하나였다. 검찰의 고질적인 권한 남용 등의 문제를 개혁하기 위해 검·경 수사권 조정, 고위공직자범죄수사처 설치 등이 추진되었다. 그러나 2018년 당시 한 걸음도 나아가지를 못하고 있었다. 개혁의 대상이었던 검찰의 반대 혹은 저항이 심했고, 정치권에서 여·야간 입장 차이 등이 있었기 때문이었다.

검·경 수사권 조정은 검찰의 수사권 일부를 경찰로 넘겨주는 것이었고, 이렇게 되면 검찰의 권한이 사실상 축소되는 것이다. 그런데 검찰 입장에서 전속고발 폐지로 기업을 직접 수사할 수 있게 되면 일부 형사사건의 수사권을 경찰에 넘겨주어도 검찰의 권한은 더욱 강화되고 실속 있게 될 수 있었다. 따라서 검찰개혁을 성공시키기 위한 검·경수사권을 조

참고: 용어해설 **검찰개혁과 검·경 수사권 조정**

검찰개혁이란 검찰의 고질적인 권한 남용 등 문제를 개혁하기 위한 다양한 시도로 문재인 정부에서는 검·경 수사권 조정, 고위공직자범죄수사처 설치 등이 추진되었고, 중대범죄수사청 신설 등이 추진 중이다.

검·경 수사권 조정이란 검찰의 직접 수사 범위를 6대 범죄(부패, 경제, 공직자, 선거, 방위사업, 대형 참사)로 한정하고, 경찰에게 수사를 종결할 수 있는 권한을 부여하며, 검찰과 경찰의 관계를 지휘-복종 관계에서 상호 협력관계로 개선하는 내용 등이 포함되었다. 2020년 6월 검찰청법 개정으로 검찰의 직접 수사는 6대 범죄로 제한되었다.

그리고 중대범죄수사청이 6대 범죄를 수사하는 전담기관으로 설치되면 검찰은 직접 수사권이 없고 기소와 공소 유지만 담당하는 기관이 된다.

정하는 과정에서 전속고발 폐지가 개혁 과제를 해결하는 하나의 핵심 열쇠로 작용하게 되었다.

전속고발이 폐지되면 기업들의 일상적인 경제 활동이 모두 수사기관의 업무 대상이 되므로 경제 활동이 크게 위축될 수 있다. 그러므로 이 문제는 경제 활동과 밀접히 연관된 문제였다. 그런데도 경제 관련 부처는 제대로 관심을 기울이지 않았고, 분명한 입장을 제시하지도 않았다.

반면에 대통령비서실 민정수석실은 전속고발제 폐지에 많은 관심을 기울였다. 더 나아가 전속고발 폐지를 사실상 주도하는 듯한 인상을 보였다. 검찰개혁을 추진한 것이 민정수석실이었다는 점을 생각하면 전속고발 폐지가 검찰개혁의 종속변수에 불과했다고 하겠다.

전속고발제 폐지를 민정수석실이 주도했다는 사실에 대해 공정위 부위원장을 사퇴한 이후에 언론 인터뷰에서 밝히기도 했다.[20] 즉, ""… 청와대 경제수석실도 전속고발권 폐지에 관여하지 않았다. '조국(민정수석)-박형철(반부패비서관) 라인'이 사안을 챙겼다"고 말했다. 당시 민정수석실의 입장은 공정위가 부패해 검찰에 권한을 넘겨줘야 한다는 논리와, 검경 수사권 조정 과정에서 검찰이 섭섭한 게 있으니 담합 조사 권한이라도 주자는 논리였던 것으로 알려졌다. 그는 "경제적 사안인데 정치적 판단을 해 절차적으로 문제가 있다고 본다"고 말했다."

---

20) 국민일보, ""2018년 전속고발제 폐지는 조국·박형철 민정라인 주도" 지철호 전 공정위 부위원장 주장", 2020. 10. 29. 일자 1면, 〈원본링크〉 http://news.kmib.co.kr/article/view.asp?arcid=0924162408&code=11151100&cp=nv

한편, 2019년 법무부장관으로 조국 전 민정수석을 임명하는 과정에서 당시 윤석열 검찰총장을 비롯한 검찰과 심한 갈등이 드러났다. 그리고 2020년 4월 실시된 총선거에서 여당이 180석을 차지하는 압승을 거두었다. 정부·여당은 국회에서의 다수 의석을 바탕으로 검찰개혁을 위한 입법을 적극 추진하게 됐다.

이 과정에서 검찰개혁에 반대하던 검찰에게 기업을 수사할 수 있는 권한을 부여하기 위해 전속고발을 폐지하기 어려웠다. 그래서 전속고발 조항은 우여곡절 끝에 폐지되지 않고 현행대로 유지되었다(이에 대해서는 뒤에서 자세히 설명함). 전속고발 폐지가 검찰개혁의 성공을 위한 종속변수의 하나였다는 것을 쉽게 이해할 수 있다.

3. 수사 시점: 전속고발 협의 중에 시작

공정위와 법무부는 문재인 정부에서 전속고발 폐지 방안에 대해 여러 채널을 통해 협의했다. 그리고 공정위는 법 위반사건을 검찰에 고발하면서 검찰과도 서로 접촉했고, 이러한 접촉에서 전속고발에 관한 의견교환도 빈번히 이루어졌다.

2018년 5월 3일에는 공정위 부위원장과 법무부 차관이 면담했다. 전속고발 폐지 방안을 직접 협의하기 위한 만남이었다. 전속고발 폐지와 관련한 주요 쟁점을 협의했다. 전속고발 폐지 범위, 공정거래법에 규정된 형벌 규정을 정비하는 방안 등을 논의했다.

그리고 전속고발이 폐지되어 검찰도 담합 행위를 조사하게 되면 기업은 공정위 혹은 검찰에 스스로 담합을 자백할 수 있다. 이처럼 담합을 자백한 정보 즉, 리니언시(Leniency)[21] 정보를 두 기관이 효율적으로 운영하는 문제가 새로운 쟁점으로 등장했다.

두 기관의 협의에서 전속고발 폐지 범위에 대한 협의는 진전이 있었다. 나중에 자세히 설명하는 것과 같이 경성담합에 한정하여 폐지하기로 큰 틀에서 합의가 이루어졌다. 그러나 형벌 정비, 리니언시 운영 등과 같은 나머지 쟁점에 대해서는 입장 차이가 있어서 계속 협의하기로 했다.

그리고 이러한 협의 결과를 다음 날인 5월 4일 대통령비서실 경제수석에게 보고하기도 했다. 전속고발 폐지는 경제에 미치는 영향이 크고, 선거공약 사항이어서 진행 상황에 대해 대통령비서실도 관심이 많았으므로 이를 보고하는 것이 당연했다.

그런데 새로운 쟁점이 된 리니언시 정보에 관한 협의는 아무런 진전이 없었다. 두 기관의 입장차이가 너무나 컸다. 검찰에게 전속고발 폐지 범위보다 더 관심이 크고 중요한 것이 리니언시 정보를 공정위와 공유하는 것이었다. 왜냐하면 이 정보가 있어야 수사대상 기업을 확정하고, 법원으로부터 영장을 발부받을 수 있기 때문이었다.

공정위와 법무부는 리니언시에 관한 이건을 조정하기 위해 실무 협의를 계속했다. 이 협의는 검찰의 관심사항이기도 하여 검찰에서도 참석했다. 2018년 5월 31일, 6월 5일, 6월 11일, 6월 15일 등에 협의했다. 주로 리니언시 정보의 운영 주체, 정보 공유 시점과 범위 등을 둘러싸고 이견이 좁혀지지 않아 협의를 계속 이어나갔다.

---

21) 리니언시(Leniency)는 담합 사실을 스스로 자백하고 제재를 감면받는 것을 의미한다.(제3부 3장 용어설명 부분 참조). 이 책에서는 리니언시 또는 자진신고, 자진신고제도라는 용어를 혼용하고 있는데 서로 의미 차이는 없다.

이처럼 전속고발 폐지를 위한 협의가 진행되는 상황에서 검찰이 2018년 6월 20일 공정위를 전격 수사하기 시작했다. 검찰이 표면적으로 내세웠던 수사 이유나 대상 등을 볼 때 시급하게 수사할 사항인지 아닌지를 판단하기는 어렵지만, 적어도 전속고발 폐지에 대해 협의하다 말고 되돌아가 협상 상대방을 수사하기 시작한 것은 사실이었다.

이런 상황이다 보니 공정위 수사가 시작된 이후 언론은 6월 22일자 기사에서부터 이번 검찰의 수사 속내를 전속고발 폐지와 관련된 갈등이라고 보도하기 시작했다. 이러한 보도는 사안의 본질을 정확히 파악한 내용이었다. 그리고 검찰 입장에서는 감추고 싶은 속내가 드러난 것이었다.

4. 수사 주체: 서울중앙지검 공정거래조사부가 담당

검찰이 2018년 6월 20일 공정위를 수사할 당시 수사 주체는 서울중앙지검 공정거래조사부였다. 이 조직은 공정위가 고발한 공정거래법 위반 사건을 전담하여 조사하였다. 그래서 공정위 담당자들과 고발 사건에 대한 자료나 정보 등을 공유하며 소통하고 있었다. 공정거래사건을 효과적으로 해결하기 위해서는 공정위와 검찰의 공정거래조사부가 긴밀히 협조하는 것이 필요했다.

공정거래조사부는 서울중앙지검이 2018년 2월 3개 차장에서 4개 차장 체제로 확대 개편되며, 공정거래조세조사부에서 분리되어 만들어졌다. 즉, 공정거래와 조세 수사의 이질성이 크다는 지적에 따라 3차장 산하였던 공정거래조세조사부를 공정거래조사부와 조세범죄수사부라는 2개

부서로 분리하여 신설되는 4차장 휘하로 옮기며 출범했다.[22]

그런데 공정거래조사부가 이번에는 공정위를 직접 조사하는 조직이 됐다. 공정위와의 상호 협력이 필요한 검찰 조직이 그 상대방을 수사하는 상황이 벌어진 것이다. 더구나 2018년 5월 3일 공정위와 법무부 간 전속고발 폐지를 위한 협의에 배석했고, 그 이후의 실무협의에 참석했던 검사들이 공정위를 직접 수사하는 주체로 나섰다. 법 위반 혐의내용이 서울중앙지검에서 담당할 사안이라기보다는 일선 지방검찰청이나 감사원에서 처리하는 것이 적절하다고 할 정도로 보였는데, 이런 사안을 직접 수사했다.

한편, 공정거래조사부는 2018년 8월 서울중앙지검 4차장검사 산하에서 다시 3차장검사 지휘를 받는 것으로 개편됐다.[23] 약 6개월 전에 3차장 산하였던 조직을 당초 상태로 되돌렸거나, 보다 효율적인 업무처리를 위한 조직 개편으로 볼 수도 있을 것이다. 그러나 이 조직 개편은 서울중앙지검장(당시 윤석열), 3차장검사(당시 한동훈), 부장검사(당시 구상엽)라는 인사라인으로 개편한 것이라는 점에서 다른 의미가 있었을 것으로 추측할 수도 있다.

여러 언론은 윤석열 당시 서울중앙지검장의 최측근 참모로 평가받는 것이 한동훈 차장검사였고, 구상엽 부장검사는 검찰 내에서 전속고발 폐지에 적극적인 인물로 알려졌다고 보도했다. 예컨대, 윤 지검장은 전속고발 폐지가 추진되던 2018년 12월 미국 법무부 반독점국(Anti-trust division)

---

22) 경향신문, "서울중앙지검 '4차장 체제'로 조직 확대", 2018. 1. 26. 일자, 인터넷 기사.
23) 한국일보, "인사 앞둔 검찰, 조직도 손본다", 2018. 7. 11. 일자, 인터넷 기사.

을 방문했는데 구 부장이 동행했다는 보도가 있었다. [24)]

　업무처리에서는 효율적으로 처리하는 것도 중요하지만, 누가 어느 시점에 어떻게 처리하느냐 하는 것도 매우 중요하다. 서울중앙지검 공정거래조사부가 공정위에 대한 수사 주체가 되면서 한편에서 협상을 진행하며 다른 한편에서는 무기를 들고 공격하는 모양새를 연출했다.

　전속고발 폐지방안을 마련하기 위한 협상은 이렇게 공정위에 대한 검찰 수사가 진행되는 공포 속에서 계속되어 합의에 이르렀다. 전속고발 폐지가 국정운영에서 중요하고도 시급한 과제였다고 할지라도 국가 공권력이 특정 목적을 위해 남용된 것이라는 비판을 모면하기 어려울 것이다.

---

24)　이에 대해서는 중앙일보, "윤석열, '양승태 소환' 앞두고 美 반독점국 찾은 이유는?", 2018. 12. 5. 일자, 인터넷 기사 참조.

3장. 검찰 수사의 속내에 대한 이해와 파장

1. 검찰 수사의 본질에 대한 이해

지금까지 검찰의 공정위 수사와 관련된 여러 가지 내용을 사실(Fact)을 중심으로 살펴보았다. 그런데 이런 사실은 단편적인 내용이 대부분이고, 시간 순서대로 나열한 것이었다. 이제부터 이런 사실을 바탕으로 검찰 수사의 본질에 대해 이해하려고 한다.

이 단계에서는 여러 사실 간의 관계를 분석하고 종합하여 해석하는 것이 불가피하다. 마치 역사에서 어떤 유물이 발견되면 이 유물을 과학적으로 분석한 사실과 유물 관련 주변의 사실을 종합하여 해석함으로써 해당 유물의 역사상 가치를 재확인하는 과정과 같다. 독자에 따라서는 이런 이해(Verstehen, Understanding)에 이의를 제기할 수도 있고, 다른 내용으로 이해할 수도 있다는 점을 먼저 밝혀둔다.

2018년 6월 검찰 수사는 표면적으로 공정위가 대기업을 제대로 고발하지 않았던 것을 내세웠지만 그것이 전부가 아니었다고 할 수 있다. 오히려 검찰은 당시 소위 적폐 청산을 주도했는데 공정위에 대해서는 대기업과의 유착을 적폐로 지목하고 공정위를 의도적으로 그리고 집중적으로 수사했다고 이해할 수 있다. 이를 통해 검찰은 공정위를 압박하여 전속고발 폐지라는 궁극의 목적을 이루려는 것이 의도였다고 하겠다.

이러한 목적을 달성하기 위해 구체적인 추진 계획이 있었는지는 알 수 없다. 일부 단편적인 보고자료 등만 남아있기 때문이다. 이 과정에 참여한 주요 기관은 구체적으로 공정위, 대통령비서실 민정수석실, 검찰의 서울중앙지검 등이었다.[25] 문재인 대통령 정부에서 가장 먼저 임명될 정도로 주목의 대상이었던 공정위 위원장은 전속고발 폐지라는 대통령 공약을 핵심과제로 추진해야 했다. 민정수석실은 행정부의 적폐 청산은 물론 검찰개혁을 완수해야 할 입장이었다. 검찰은 적폐 청산을 실행하고 공정위의 전속고발을 폐지하면서도 검찰개혁은 최대한 막아내야 했다.

표3 | 전속고발 폐지 관련 3개 기관별 핵심 과제와 역할

주요 기관	민정수석실	검찰(서울중앙지검)	공정거래위원회
핵심 과제와 역할	검찰개혁 추진 (검·경수사권 조정) 전속고발 폐지 (공약 이행) 적폐 청산 추진	검찰개혁 반대 전속고발 폐지 적폐 청산을 집행	- 전속고발 폐지 (공약 이행) 적폐 청산의 대상

대략 정리하면 전속고발 폐지, 공정위의 적폐 청산, 검찰개혁이라는 3대 과제가 모두 달성해야 할 매우 중요한 국정과제였다. 이 중에서 가장 어려웠을 과제가 검찰개혁이었고, 이를 반대하는 것이 검찰이었다. 검찰은 검·경수사권 조정으로 일부 수사권을 경찰로 넘기는 것에 적극적으로 반대하는 입장이었다. 그런데 검찰 입장에서 전속고발 폐지로 기업 수사권을 넘겨받는 것은 경찰에 넘겨주는 수사권을 능가하는 매력적인 대안이었을 것이다.

결국 전속고발 폐지는 공정위, 민정수석실, 검찰을 모두 만족시킬 수

---

25) 구체적인 참여자는 공정거래위원회에서는 김상조 위원장, 민정수석실에서는 조 국 민정수석, 박형철 반부패비서관, 검찰에서는 서울중앙지검의 윤석열 지검장, 한동훈 3차장검사, 구상엽 공정거래조사부장 등이었다.

있었고, 아울러 검찰개혁의 핵심으로 추진되던 검·경수사권 조정 문제를 해결하는 열쇠가 되었다고 하겠다. 이러한 배경에서 검찰이 공정위를 수사하다보니 수사가 과도하고 집요하며 광범위하게 진행되었다고 할 수 있을 것이다. 검찰은 공정위와 기업에 대한 융단폭격식 조사, 수많은 언론 단독 기사 제공, 공직자윤리법 위반 수사 등을 모두 동원했던 것이다.

이처럼 전속고발 폐지가 경제에 큰 영향을 미치는 중요한 사안임에도 불구하고, 경제부처 입장, 경제계 의견, 경제 전문가 견해 등은 거의 무시된 채로 추진되었다. 그리고 검찰이 주도적인 입장에서 검찰개혁의 종속변수와 같은 차원으로 추진되었다고 할 수 있다. 결과적으로 나중에 설명하는 바와 같이 전속고발 폐지는 무산됐지만, 경제 문제를 비경제 문제로 해결하려다 실패한 전형적인 사례의 하나로 기록되어야 할 것이다.

2. 검찰 수사 이후의 전개와 파장

검찰 수사가 마무리되고 2018년 8월 16일 12명의 전·현직 공정위 직원을 기소한다는 발표가 있었나. 새판 결과는 나중에 나올 것이므로 당시 검찰로서는 소기의 성과를 거둔 수사였을 것이다. 그리고 수사 과정에서 수많은 공정위 관련 비리 기사가 보도되었고, 이런 비리의 근원이 공정위의 전속고발 조항이라는 점을 일반인에게 집중 각인시키는 효과도 거둘 수 있었다.

한편, 검찰 기소가 이루어진 이후 몇 가지 중요한 일이 일사천리로 진행됐다. 첫째, 2018년 8월 16일 검찰의 기소 발표와 동시에 부위원장에게 사퇴를 요구하고 이를 부위원장이 거부하자 곧 업무에서 배제하는 조치를 했다. 둘째, 2018년 8월 20일 위원장이 직접 공정위 조직쇄신방안을 발표했다. 공정위가 퇴직자 재취업에 일절 관여하지 않고, 전·현직 공무원의 사적 접촉을 금지하는 내용 등이 본문에 포함됐고, 향후 계획으로 전속고발 폐지도 포함되었다.

셋째, 공정위와 법무부 간에 공정거래법의 전속고발 폐지에 대해 합의하고 이를 공개하는 서명식을 2018년 8월 21일 개최했다. 합의에는 공정거래법에 규정된 경성담합에 대해 전속고발을 폐지하는 것은 물론 리니언시 정보의 운영과 관련한 여러 가지 내용이 포함됐다. 이에 관한 서명식이 공정거래위원장과 법무부장관이 참석한 행사로 개최됐다. 이 내용은 도하 모든 언론의 대형 기사가 되었고, 폐지 추진의 동력을 모으는 기회가 되었다.

넷째, 전속고발을 폐지하는 분위기가 사회 전반으로 더욱 퍼져나가게 되었다. 폐지 시 문제점이나 부작용, 경제계의 우려를 지적하는 목소리가 있었지만, 그리 크지 않았고, 이내 잦아들었다. 그래도 다행스럽게 검

공정거래위원장과 법무부장관(왼쪽)이 2018년 8월 21일 전속고발제 폐지 합의문에 서명한 행사에 참석했다.

찰의 직접 수사가 이중 조사나 형사 처벌 급증 등과 같은 부작용을 초래할 우려가 있다는 점을 날카롭게 지적하는 목소리도 있었다. [26]

한편, 검찰 수사는 마무리됐지만 이를 계기로 공정위 사태는 진정되지 않았다. 무엇보다 공정위 조직원들의 자존감이 붕괴되고 조직의 사기가 땅에 떨어졌다. 전속고발제 폐지에 대해 합의하면서 "공정위가 검찰 수사에 백기를 들고 전속고발권을 '상납'했다는 얘기도 나왔다"라고 보도될 정도였다. [27] 이에 따라 다른 부처로의 전출을 신청한 직원이 평상시의 두 배에 달하기도 한다고 했다.

이에 대해 공정위에서 직원 사기진작 대책을 특별히 마련하기도 했다. 간부들에 대한 상향식 평가 도입, 성과를 낸 직원에 대한 확실한 보상 제공, 교육·연수 기회의 확대, 연가 또는 장기 휴가제도 도입 등이었다. 그러나 이런 대책은 사기 저하의 본질에 부합하지 않아 얼마나 효과를 냈을지 의문이라는 지적이 많았다.

그리고 현직 부위원장의 업무배제를 둘러싼 논쟁도 시간이 지날수록 커졌다. 산산히 언론에서 이 문제를 제기했고 급기야 국회 국정감사장에서 의원들이 질의하기에 이르렀다. 공정거래법에 따라 3년의 임기와 신분이 보장되어 금고 이상의 형을 받지 않는 한 위원의 의사에 반해 면직하거나 해촉할 수 없는데도 부위원장을 직무에서 배제하는 것이 적절한지를 문제시했다.

---

26) 대표적으로 김대기 前 청와대 정책실장·단국대 초빙교수가 "검찰의 공정거래 직접 수사, 또 하나의 '기업 옥죄기'다"라는 제목으로 조선일보, 2018. 10. 15일자 A38면에 기고한 내용을 들 수 있다.

27) 조선일보, "울먹거린 김상조", 2018. 10. 11일자, B3면.

검찰 수사가 종료되고 전속고발 폐지방안이 확정되는 대로 마무리될
줄 알았던 일이 더욱 악화되는 형국이었다. 이런 상황은 검찰이나 공정
위가 앞장선다고 해결될 리 없었다. 법원의 판단이나 국회의 논의 등을
거쳐야 해결의 실마리가 만들어질 수 있었는데 그것이 언제일지 기약할
수 없었다.

1장. 전속고발이 무엇이고 왜 필요한가

1. 전속고발의 의미

공정거래법은 시장경제의 기본질서를 규정하여 자유롭고 공정한 경쟁이 이루어지도록 하는 것을 목적으로 하는 법이다. 운동 시합에 참여하는 선수들이 경기 규칙을 지키듯이 경제 활동에 참여하는 기업이나 사업자는 모두 이 법을 지켜야 하고, 이를 위반하면 제재를 받는다.

그런데 공정거래 사건은 위반 혐의가 있어도 수사기관이 직접 수사하는 것이 아니다. 공정거래위원회라는 법 집행기관이 먼저 조사하여 위법 여부를 판단한다. 그리고 위반행위가 중대하고 명백하여 경쟁 질서를 심각하게 해치는 경우만 검찰에 고발하여 형사 벌칙을 받도록 한다.

전속고발이란 이처럼 공정위의 고발이 없으면 검찰이 직접 수사하여 기소할 수 없도록 제한하는 제도이다. 형사 처벌 여부를 판단하면서 행정기관의 전문적인 판단이 필요한 공정거래, 조세, 출입국 관리, 항공 등과 같은 분야에 도입하여 운영 중이다.

공정거래 분야의 전속고발 규정은 공정거래법, 하도급법, 가맹사업법, 대리점법, 표시광고법, 대규모 유통업법과 같은 6개 법률에서 규정하고 있다. 이 규정은 1980년 제정된 공정거래법에서 처음 도입되었다. 그 이후에 제정된 공정거래 분야의 5개 법에서 위반행위에 대해 형사 벌칙을 규정한 경우에 전속고발 규정을 두었다.

그런데 공정위 소관 법 중에서 전속고발 규정이 없는 법률도 6개가 있다. 법에 형사 벌칙 규정이 있어도 방문판매법, 할부거래법은 전속고발 규정이 없다. 예컨대 방문판매의 경우 판매자가 소비자보다 상품에 대한 지식·정보가 풍부하여 판매자 주도로 거래가 이루어지는 경향이 있어 판매자에 의해 강압적이거나 거짓·과장된 설명 등이 행해지기 쉽다. 따라서 일반적인 판매보다 소비자 피해가 발생할 수 있으므로 검찰이나 경찰과 같은 수사기관도 수사하여 조치할 수 있도록 전속고발 규정을 두고 있지 않다.

전자상거래법, 약관법은 시정조치를 불이행하는 경우에 형사 벌칙이 있는데 전속고발 규정은 없다. 소비자기본법, 소비자생활협동조합법은 실체 규정 위반에 사실상 형사 벌칙이 없어 전속고발과 무관하다.

표4 | 공정거래 분야의 전속고발 규정 현황

유 형	법 조항의 특성	해당 법률
전속고발 규정 있음 (6개 법률)	법 위반 행위(실체 조항 위반)에 형사벌칙 규정이 있음	공정거래법, 하도급법, 가맹사업법, 대리점법, 표시광고법, 대규모 유통업법
전속고발 규정 없음 (6개 법률)	법 위반 행위(실체 조항 위반)에 형사벌칙 규정이 있음	방문판매법, 할부거래법
	법 위반 행위(실체 조항 위반)에 형사벌칙 규정이 없고, 공정위의 시정조치를 불이행하는 경우에 형사 벌칙 규정이 있음	전자상거래법, 약관법
	법 위반 행위(실체 조항 위반)에 형사벌칙 규정이 없음	소비자기본법, 소비자생활협동조합법

전속고발 규정은 최초 공정거래법에서는 간단히 한 개 조문이었다. 즉, 제60조(고발)에서 "제55조 및 제56조의 죄는 경제기획원 장관의 고발이 있어야 논한다."라는 규정이었다. 여기서 제55조(벌칙) 및 제56조(벌칙)

는 공정거래법에 규정된 각각의 위반행위에 대해 징역 또는 벌금형을 규정한 조문이었다. 공정위가 경제기획원의 소속기관이었으므로 고발 주체는 경제기획원 장관이었다.

그 이후에 공정위가 고발권을 독점한다는 비판에 따라 고발 의무제와 고발 요청제를 규정했다. 공정위는 명백하고 중대한 위반행위를 검찰에 의무적으로 고발해야 한다. 그리고 검찰총장을 비롯하여 감사원장, 중소벤처기업부장관, 조달청장이 고발을 요청하면 공정위가 역시 의무적으로 고발해야 한다. 전속고발 규정은 이러한 내용들이 추가되면서 제129조(고발)에서 다음과 같은 내용으로 늘어났다. 여기서 제124조(벌칙) 및 제125조(벌칙)는 공정거래법에 규정된 각각의 위반행위에 대해 징역 또는 벌금형을 규정한 조항이다.

제129조(고발) ① 제124조 및 제125조의 죄는 공정거래위원회의 고발이 있어야 공소를 제기할 수 있다.

② 공정거래위원회는 제124조 및 제125조의 죄 중 그 위반의 정도가 객관직으로 명빅하고 중대하여 경쟁질서를 현저히 해친다고 인전하는 경우에는 검찰총장에게 고발하여야 한다.

③ 검찰총장은 제2항에 따른 고발요건에 해당하는 사실이 있음을 공정거래위원회에 통보하여 고발을 요청할 수 있다.

④ 공정거래위원회가 제2항에 따른 고발요건에 해당하지 아니한다고 결정하더라도 감사원장, 중소벤처기업부장관, 조달청장은 사회적 파급효과, 국가재정에 끼친 영향, 중소기업에 미친 피해 정도 등 다른 사정을 이유로 공정거래위원회에 고발을 요청할 수 있다.

⑤ 공정거래위원회는 제3항 또는 제4항에 따른 고발요청이 있을 때에

는 검찰총장에게 고발하여야 한다.

⑥ 공정거래위원회는 공소가 제기된 후에는 고발을 취소할 수 없다.

2. 전속고발이 왜 필요한가

전속고발 규정을 두는 이유는 크게 두 가지로 정리할 수 있다. 첫째, 공정거래법은 경제 활동에 적용되는데 무분별하게 형사 처벌 대상으로 하는 것이 부적절하다는 것이다. 이는 법 적용의 대상과 관련된 문제이다. 둘째, 공정거래법은 행위의 외형만으로 위법성이 판단되는 일반 형사사건과 다르다는 것이다. 이는 법 집행의 방법과 관련된 문제이다.

이와 같은 두 가지 이유를 헌법재판소 전원재판부는 다음과 같이 자세하게 서술하고 있다.

"공정거래법 위반행위는 기업의 영업활동과 밀접하게 결합되어 있거나 영업활동 그 자체로서 행하여지기 때문에, 그에 대하여 무분별하게 형벌을 선택한다면 관계자나 관계기업은 기업 활동에 불안감을 느끼게 되고 자연히 기업 활동이 위축될 우려가 있고, 그렇게 되어서는 공정거래법 제1조에서 말하는 "공정하고 자유로운 경쟁을 촉진"하는 것도, "기업 활동을 조장"한다는 것도 불가능하게 될 것이므로, 공정거래법 위반행위에 대한 형벌은 가능한 한 위법성이 명백하고 국민경제와 소비자 일반에게 미치는 영향이 특히 크다고 인정되는 경우에 제한적으로 활용되지 아니하면 아니된다는 측면도 이를 간과할 수는 없다고 할 것이다.

공정거래법 위반죄를 친고죄로 하고 공정거래위원회만이 고발을 할 수 있도록 한 전속고발제도는 이와 같은 제 사정을 고려하여 독립적으로 구성된 공정거래위원회로 하여금 거래행위의 당사자가 아닌 제3자의 지위에 있는 법집행기관으로서 상세한 시장분석을 통하여 위반행위의 경중을 판단하고 그때그때의 시장경제 상황의 실상에 따라 시정조치나 과징금 등의 행정조치만으로 이를 규제함이 상당할 것인지 아니면 더 나아가 형벌까지 적용하여야 할 것인지의 여부를 결정하도록 함으로써 공정거래법의 목적을 달성하고자 하는 데 그 취지가 있다고 할 것이다."

(1995. 7. 21. 선고 94헌마136 전원재판부)

헌법재판소가 전속고발제도를 도입한 취지에 대해 전반부에서 지적한 내용은 경제 활동에 법이 적용된다는 점에 초점을 맞췄다. 기업 활동에 무분별하게 형벌이 적용되면 불안감을 느껴 기업 활동이 위축될 우려가 있다는 것이었다.

운동 경기 중에 심판이 지나치게 엄격하게 작은 반칙에도 호루라기를 불어대며 경고나 퇴장을 남발하면 선수들이 위축돼 자기 기량을 충분히 발휘하지 못하여 경기가 재미없게 진행되는 것에 비유할 수 있다. 그러므로 비록 법 위반에 대해 행정적인 제재로 충분한 경우까지 과도한 형사제재를 하면 경제 자체를 위축시키거나 어렵게 한다는 것이다.

그리고 헌법재판소는 후반부에서 집행 방법에 특성이 있다는 점을 지적하고 있다. 경제 활동에 대한 위법성을 판단하는데 시장 분석을 통해 위반행위의 경중을 판단한다고 했다. 예컨대 '부당한 거래거절' 위반의 경우 '거래거절'이라는 외형만으로 위법하다고 인정하는 것이 아니라는 것이다. 경제 분석을 통해 어떤 상황에서 거래거절이 발생했고, 이런 행위가 시장에 미치는 악영향을 고려하여 부당하다고 판단해야 한다는 것이다. 이처럼 공정거래 사건은 전문적인 집행기관에서 법 집행이 이루어지기 때문에 전속고발이 필요하다는 것이다.

3. 다른 나라의 전속고발 문제

전속고발제도를 도입한 두 가지 취지를 감안하면 다른 나라도 이 제도를 도입해야 맞다. 그러나 전속고발제도는 일본과 한국만 도입했는데, 최초로 일본이 도입했고 한국은 나중에 일본 조항을 모델로 하여 전속고발을 도입했다. 이에 대해서는 뒤에서 상세히 설명한다. 다른 나라에서 전속고발제도를 도입하지 않았거나 전혀 문제가 되지 않는 것은 두 가지 이유 때문이다.

하나는 독일, 중국 등 대부분 국가의 경우 공정거래법에 형사 벌칙을 규정하지 않았으므로 전속고발제도를 도입할 필요도 없고, 도입할 수도 없다. OECD 회원국 34개 국가 중에서 독점규제법 위반행위에 대해 형사 벌칙을 규정하지 않은 국가가 21개국에 이른다.[28] 이들 국가에서는 전속고발제도가 당연히 존재하지 않는다. 한국의 공정거래 분야에서도 형사 벌칙 조항이 없는 법에서는 전속고발 규정이 없는 것과 동일하다.

다른 하나는 캐나다, 영국 등 몇몇 국가의 경우 법 위반행위 중 일부 위반행위에만 형사 벌칙을 규정하고 있고, 나머지 위반행위에는 형사 벌

---

28) 참고로 21개 국가는 독일, 터키, 헝가리, 이태리, 슬로바키아, 벨기에, 폴란드, 호주, 멕시코, 뉴질랜드, 핀란드, 네덜란드, 스페인, 포르투갈, 스웨덴, 룩셈부르크, 스위스, 슬로바니아, 칠레, 에스토니아, 체코 등이다. 지철호, 『독점규제의 역사』, 145~146쪽 참조.

칙 규정이 없다.[29] 이들 국가는 모두 법집행기관으로 행정제재기관을 설치하고, 이들 기관이 직접 형사절차를 진행하거나, 1차적으로 판단한 뒤 형사제재기관에 넘겨 처리하도록 한다.

일부 법 위반행위에 형사 벌칙을 규정한 국가에서도 전속고발제도가 크게 문제될 여지가 없다. 한국에서도 법에 형사 벌칙 조항이 없거나 제한적으로 규정된 경우에 전속고발 규정이 없어도 별문제가 되지 않는 것과 마찬가지다.

공정거래법에 형사 벌칙을 규정하지 않거나 일부에만 규정한 다른 나라들은 법 집행을 어떻게 하는지 궁금할 수 있다. 이들 국가들은 법 집행을 전담하는 행정제재기관을 별도로 설치하여 이들 기관이 집행한다. 이처럼 형사제재기관이 아니라 행정제재기관이 중심이 되어 공정거래법을 집행하는 것이 국제 표준(글로벌 스탠다드; Global Standard)이다.

독점규제법을 세계 최초로 도입한 미국의 경우 거의 유일하게 카르텔 위반에 대해 검찰이라는 형사제재기관과 연방거래위원회(FTC)라는 행정제재기관이 이중으로 조사하여 제재하고 있다. 그런데 이런 미국조차도 최초에는 형사제재 중심으로 집행했지만 이러한 방식이 부적절하다고 판단하여 1914년 FTC를 설치하고 행정제재기관에 의한 법집행 방식

---

29) OECD 회원국 34개 국가 중 독점규제법에 형사 벌칙을 규정한 국가는 13개국이다. 이 중 5개국(캐나다, 영국, 오스트리아, 덴마크, 아이슬란드)은 카르텔에 대해서만 규정하고, 2개국(프랑스, 아이슬란드)은 카르텔과 시장지배적지위 남용행위에 대해서 규정하며, 5개국(미국, 일본, 그리스, 노르웨이, 이스라엘)은 카르텔, 시장지배적지위 남용행위, 경쟁제한적 합병에 대해서 규정한다. 그런데 한국은 카르텔, 시장지배적지위 남용행위, 경쟁제한적 합병, 일반 불공정거래행위 등 모든 법 위반행위에 대해 형사 벌칙을 규정하고 있다. 지철호, 『독점규제의 역사』, 145~146쪽 참조.

을 도입했다. 그러나 집행기관을 정비하지 못하고 두 기관이 2중으로 집행하는 구조를 계속 유지하고 있다. 이러한 집행방식의 문제점은 뒤에서 상세히 설명하고자 한다.

이러한 경우 행정제재기관에 의한 법 집행이 강력하지 못하여 제재의 실효성이 적다고 우려할 수도 있다. 그러나 위반기업에 대해 막대한 과징금 부과, 징벌적 손해배상 등을 통해 경제적인 제재를 할 수 있다. 위법행위로 얻을 수 있는 이익을 상쇄하고도 남을 정도의 금전적인 제재를 통해 형사 벌칙보다 효과적인 제재수단이 되고 있다.

2장. 전속고발 폐지에서 고려할 두 가지 핵심 사항

1. 집행 대상: 경제 활동에 대한 법 집행

전속고발의 도입 취지에서 이미 살펴본 바와 같이 경제 활동에 대해 형사 벌칙을 무분별하게 적용하는 것은 신중해야 한다. 기본적으로 경제는 개인의 자율과 창의가 최대한 보장되는 곳에서 활성화될 수 있기 때문이다. 전속고발이 폐지되어 법 위반 혐의에 대해 수사기관이 언제든지 개입할 수 있는 상황이라면 관계자나 관련 기업은 불안해질 것이다. 그러면 경제 활동이 전반적으로 위축될 우려가 커진다.

2018년 8월 공정위와 법무부가 전속고발 폐지방안을 발표했을 때 경제계를 비롯하여 언론이나 정치권이 가장 우려했던 것이 바로 경제에 악영향을 미칠 것이라는 지적이었다. 수사기관이 경제활동에 직접 개입하면 기업이나 경제가 매우 어려워질 것으로 보았다. 당시 언론에 보도된 기사의 제목에 이러한 사정이 잘 나타나고 있다.[30]

> 검찰도 쥔 기업 채찍…재계 *"저승사자가 둘로 늘었다"* 초긴장(조선일보 4면)
>
> 검찰도 담합 수사 가능… 재계 *"고발 남용 우려"* 초긴장(중앙일보 3면)
>
> 중대 담합사건 檢 수사 활성화 예고… 바짝 긴장하는 재계(세계일보 2면)

---

30) 모두 2018.8.22일자 신문기사로 공정위-법무부의 전속고발 폐지방안을 발표한 내용을 보도한 것이다.

檢에도 담합수사권… 또 기업 옥죄기(매일경제신문 1면)

檢·공정위 '두 개의 칼' 기업 겨눈다(한국경제신문 1면)

전속고발권 폐지… 기업에 또 '사법올가미'(서울경제신문 1면)

담합행위 중 일부만 전속고발을 폐지하는 것이라고도 하겠지만 수사기관이 직접 개입한다면 경계를 구분하는 것이 무의미할 것이다. 이처럼 집행방법을 바꾸기 시작하는 것이 이후에 어디까지 번질지도 가늠하기 어렵다. 한번 폐지하면 다시 본래대로 되돌리는 것은 불가능하다고 보아야 할 것이다.

그리고 일부는 전속고발 폐지의 부작용에 대해 지나치게 우려하는 것이라거나 다른 일부는 경제계의 엄살일 것이라고 말하기도 한다. 그러나 결코 가볍게 생각할 일이 아닐 것이다. 시민단체나 소액주주를 비롯하여 누구든지 고발할 수 있고, 고발하면 수사기관이 개입할 수밖에 없다. 수사기관의 별건 수사와 같은 부작용은 일반화된 일이다. 이런 상황이기 때문에 기업에게 치명타가 될 수 있고, 경제에 치명상을 초래할 수 있는 것이다.

'다모클레스의 칼(Sword of Damocles)'은 가는 줄에 매달려 권력자의 머리 위에 있는 날카로운 칼을 의미한다. 기원전 4세기 고대 그리스의 디오니시우스 왕이 권력의 자리를 부러워하는 신하 다모클레스에게 왕좌에 앉아보도록 하고, 머리 위를 처다보도록 했는데 바로 위에 칼이 매달려 있었다. 권력의 자리가 안락과 권한이 아니라 긴장과 절제라는 것을 상징한다.

전속고발 폐지는 검찰 수사를 상징하는 이 '다모클레스의 칼' 아래에

〈다모클레스의 칼(Sword of Damocles)〉

권력의 자리는 가는 줄에 매달린 칼 아래 앉아 있는 것처럼 위험한 것에 비유하는 서양 속담이다. 전속고발이 폐지되면 수사기관이 언제든지 기업에 대해 직접 수사할 수 있으므로 이 칼 아래 권력자가 아니라 기업인을 앉히려는 것에 비유할 수 있다.

리차드 웨스톨(Richard Westall) 그림, 1812.

〈출처〉 Wikimedia Commons, the free media repository

기업인을 앉히려는 상황이라고 비유할 수 있다. 검찰이 기업에 대해 언제든지 직접 수사할 수 있게 된다면 기업 경영에서 자율과 창의가 사라지고 눈치와 모함이 판을 칠 것이다. 안정과 활기가 없어지고 불안과 위기에 휩싸일 것이다. 경제에 얼마나 막대한 부작용을 초래할지 예상하기도 어렵다.

세계 각국은 이러한 근본적인 문제를 인식했기 때문에 경제 활동에 대해 공정거래법을 적용하는데 형사사법 절차가 아니라 행정절차 중심으로 집행하는 제도를 만들었다. 공정거래법을 제정한 국가들이 기존의 형사사법 집행기관이 있음에도 불구하고 예외 없이 별도의 전문적인 행정제재기관을 설치하여 집행하고 있는 까닭이다. 이것이 세계 공통의 방식, 즉 글로벌 표준(Global Standard)이다.

전속고발제도를 도입한 취지, 세계 각국의 집행 실태 등을 감안하면 경제 활동에 대한 수사기관의 개입은 아주 신중할 필요가 있다. 전속고발을 폐지하는 경우라면 이러한 측면을 심각하게 고려해야 한다.

2. 집행 방법: 공정거래법 집행의 특성

일반 형사사건과 공정거래 사건의 법 집행을 비교하면 큰 차이가 있다. 공정거래 사건은 법률적 측면뿐만 아니라 경제 분석을 필요로 하는 경우가 대부분이다. 우선 위반행위가 있었는지에 관한 사실 확인부터 경쟁이 이루어지는 시장을 한정하는 시장 확정 등에서 경제 분석이 필요하다. 그리고 위반 사실이 있어도 기업 간 경쟁이나 소비자에게 부당한 영향을 미치는지에 관한 경쟁제한성 여부를 판단하는 것이다.

두 분야의 사건 처리를 사례로 들어서 비교해보기로 한다.

형사사건의 음주운전에 대해 법 집행을 하는 경우이다. 수사기관이 술 마시고 운전하는 행위를 적발하면 측정도구로 운전자의 음주 정도를 측정한다. 측정한 결과가 나오고 일정 기준에 해당하면 남녀노소 또는 시간과 장소를 불문하고 정해진 기준에 따라 처벌하면 된다.

물론 이러한 집행에도 도로에서의 운전인지 주차장 안에서의 이동인지 여부, 시동을 걸어서 움직였는지 그렇지 않았는지 여부, 측정 방법을 둘러싼 의견 차이 등의 문제가 있을 수 있다. 그렇지만 이것은 음주운전에 관한 법 집행에서 부차적이고 지엽적인 문제일 것이다.

이에 반해 공정거래법 집행은 아주 복잡한 분석과 전문적인 판단을 거쳐야 한다. 위법 여부를 측정하는 도구가 없고 이를 판단하는 획일적인 기준도 없기 때문이다. 표시·광고법에서 허위 또는 과장된 광고행위에 대해 위법 여부를 판단하는 경우를 가정해보자.

어느 식품회사가 자사 제품을 1개월 먹으면 체중이 5kg 줄어든다고 광고한 내용이 위법한지를 판단하는 문제가 있다고 가정한다. 광고 효과를 조사해보면 제품을 먹어서 5kg 이상 줄어든 사람도 있고, 그렇지 않은 사람도 있을 것이다. 또한 과체중인 사람과 저체중인 사람에 따라서 효과가 달리 나타날 가능성이 크다. 거주지나 연령, 성별 등에 따라서도 효과가 천차만별일 것이다. 이러한 조사 결과를 바탕으로 1단계로 이 광고가 허위인지 또는 과장된 것인지 여부를 분석하여 판단한다.

그리고 2단계로 부당한지 여부에 대해서도 판단해야 한다. 대개의 공정거래법 위반행위는 부당하거나 정당한 이유 없이 행한 행위를 위법으로 규정하기 때문이다. 허위·과장 광고도 부당한 경우만 위법으로 규정하고 있다. 그래서 이러한 광고가 기업 간 경쟁이나 소비자에게 부당한 영향을 미치는 것인지를 고려하여 위법 여부를 판단한다.

이처럼 몇 단계의 경제 분석과 판단을 거쳐 비로소 위법 여부가 결정된다. 그래서 수사기관의 일반적인 형사 사건과 법 집행하는 방법, 내용, 절차 등이 판이하게 다름을 알 수 있다.

다른 공정거래 분야의 사건도 마찬가지로 집행한다. '부당한', '정당한 이유 없이'등의 요건을 규정하고 있어서, 이를 경제학적으로 분석하고 경쟁제한여부를 고려하여 위법여부를 판단하는 것이다. 경제 분야의 법적용은 이러한 특성이 있다.

공정거래 사건은 이처럼 경제 분석과 경쟁제한성 판단이 필요하기 때문에 전문적인 집행기관에서 처리해야 하고, 집행과정에 경제 전문가가 참여할 필요가 있다. 1980년 공정거래법 제정 시에 법무부나 검찰이라는 강력한 법 집행기관이 있었음에도 공정위라는 별도의 집행기관을 설치한 것도 이러한 이유 때문이다.

전속고발을 폐지하면 경제 전문가가 아닌 수사기관이 법 전문가만의 시각으로 집행할 것이다. 법 전문가만의 집행이 초래한 가장 비극적인 사건이 뒤에서 설명하는 '우지 사건'이다. 경제 분야에 대한 법 집행이 보통의 형사사건 처리와는 달라야 한다는 뼈아픈 교훈을 제공했다. 전속고발 폐지에 급급하여 이런 교훈을 간과하지 말아야 한다.

3장. 전속고발 폐지의 두 가지 쟁점

2018년 5월부터 8월까지 공정위와 법무부는 전속고발 폐지 방안에 관한 협의를 진행했다. 실제 이 협의에서 쟁점은 크게 두 가지였다. 하나는 전속고발을 어느 범위까지 폐지하느냐는 것이었는데, 두 기관이 큰 이견 없이 합의한 쟁점이었다. 다른 하나는 리니언시 정보의 운영과 관련된 쟁점이었는데, 두 기관이 매우 큰 이견을 보이며 많은 논의가 있었던 쟁점이었다.

1. 전속고발 폐지의 범위

공정위와 법무부는 2018년 5월 전속고발 폐지 범위를 경성담합으로 하고, 경성담합의 범위도 가격 담합, 공급 제한, 시장 분할, 입찰 담합의 4개 유형으로 한정하는데 합의했다. 이처럼 폐지 범위를 한정하는데 법

참고: 용어해설　경성담합(Hard Cartel)과 연성담합(Soft Cartel)

일반적으로 담합은 참여기업들이 서로 경쟁을 하지 않기로 합의하는 짬짜미를 의미한다. 그리고 담합은 경쟁을 제한하는 결과를 초래한다.

가격 인상이나 유지, 가격을 올리기 위한 공급량 제한, 판매지역이나 시장을 분할하여 나눠 갖기, 입찰 담합 등이 이에 해당한다. 이러한 담합은 경쟁제한 효과만 발생시킨다는 의미에서 경성담합이라고 한다. 이러한 경성담합은 당연 위법의 원칙(per se illegal)을 적용하여 행위의 존재만으로 위법하다고 간주하여 제재한다.

반면에 제품의 규격이나 용기 통일, 공동 연구개발, 합작투자 등을 위한 담합은 일부 경쟁제한 효과를 초래할 수도 있지만, 효율성 제고나 소비자 이익을 발생시킬 수도 있다. 그래서 이를 연성담합이라고 한다. 연성담합은 합리의 원칙(rule of reason)을 적용하여 담합의 목적이나 의도, 경쟁에 미치는 효과 등을 고려하여 개별적으로 위법 여부를 판단한다.

적용 대상이 경제 활동이라는 점과 집행 방법의 특성을 충분히 고려한 결과였다고 하겠다.

공정거래법 위반행위의 유형을 세부적으로 나누어보면 〈표5〉와 같이 다양하다. 그리고 이들 모든 위반행위 유형에 전속고발 조항이 적용된다. 그런데 두 기관의 협의에서는 담합(부당한 공동행위), 그 중에서도 경성담합의 4개 유형으로 한정하여 전속고발을 폐지하기로 했다. 이에 대해 폐지 범위를 지나치게 좁게 제한했다고 할 수도 있다.

표5 | 공정거래법 위반 유형과 전속고발 폐지 협의 결과

공정거래법 위반행위 유형	전속고발 폐지 협의 결과
① 시장지배적지위 남용(제3조의2) ② 경쟁제한적 기업결합(제7조) ③ 경제력 집중 억제: 　지주회사 행위제한(제8조의2), 　상호출자 금지(제9조), 　순환출자 금지(제9조의2) 등 ④ 부당한 공동행위(담합): 　경성담합(제19조 제1항 1, 3, 4, 8호) 　연성담합(제19조 제1항 2, 5, 6, 7, 9호) ⑤ 불공정 거래행위(제23조) ⑥ 사업자단체금지행위(제26조) ⑦ 재판매가격 유지행위(제29조)	부당한 공동행위 중 경성담합 4개 유형에 대해 전속고발 폐지. 다른 위반행위 유형에서는 전속고발 유지.

공정위와 법무부가 이처럼 폐지 범위를 제한한 것은 법 집행의 현실을 충분히 고려한 결과였다. 왜냐하면 경성담합을 제외한 다른 불공정 행위의 경우 형벌 적용이 부적절하거나 위법성 판단에 경제분석 등이 필요했기 때문이다. 다시 말하면 경제 활동에 대한 법 적용이라는 점과 집행 방법의 특성을 고려하였던 것이다.

공정거래법 위반행위 중에서 경성담합이 상대적으로 비중이 매우 높았다. 전체 담합 행위의 90%이상이 경성담합이었다. 또한 경성담합은 이론적으로나 실무적으로 형벌 부과의 타당성이 있고 글로벌 기준에도 부합했다. 이와 함께 대통령 공약이었던 전속고발 폐지에 부합하는 수준의 개선방안을 마련하는 것도 필요했다. 그래서 공정위와 법무부가 위와 같은 내용으로 전속고발 폐지 범위에 대해 합의했다.

또한 법무부 입장에서는 경성담합을 제외한 다른 불공정행위의 전속고발을 폐지하거나 또는 공정거래법 이외의 다른 법률에 규정된 전속고발을 폐지하는 것은 부담이었을 것이다. 왜냐하면 이처럼 전속고발이 대거 폐지된다면 수많은 고소·고발 사건이 봇물 터지듯 쏟아졌을 것이고, 이를 제대로 처리하기 어려웠을 것이기 때문이다.

이러한 사건들은 크든 작든 모두 위법 여부를 판단하는데 경제 분석이나 경쟁제한성 판단이 필요하고, 형사 처벌이 가능할지 여부는 불투명한 경우가 많다는 것을 알았을 것이다. 다른 나라의 법집행 실태와 비교하면 폐지가 부적절하다는 사실노 충분히 알았을 깃이다.

따라서 공정위와 법무부는 전속고발 폐지 방안을 협의하면서 폐지 범위에 대한 쟁점에서는 비교적 쉽게 합의에 이를 수 있었다.

2. 리니언시 정보와 관련된 이견

공정위와 법무부 간 전속고발 협의에서 부각된 쟁점의 하나가 리니언시(Leniency, 자진 신고) 정보와 관련된 문제였다. 법무부는 전속고발 협의에서 폐지 범위보다 리니언시 정보를 공정위와 공유하는 문제에 더 큰 관심을 보였다. 그래서 두 기관 간 의견이 갈렸고, 이견이 많아 협의하는데 어렵고 시간이 걸렸다.

리니언시 정보는 대부분 공정위가 이해관계자의 신고 또는 직권으로 담합행위를 조사하는 과정에서 관련 기업들이 제재를 면제받기 위해 서둘러 자백해서 취득하는 것이었다. 행정 제재는 물론 형사제재를 감면받을 수 있어서 기업들이 조사단계에서 자백하는 경우가 빈번했다.

법무부는 전속고발 폐지와 함께 협의 초반부터 리니언시 정보를 두 기관이 공동 관리하자고 요구했다. 법무부는 검찰과 같은 의견이었고, 검찰이 수사대상 기업을 특정하여 법원으로부터 압수수색 영장을 발부받으려면 공정위가 보유하고 있는 리니언시 정보가 무엇보다 필요했기 때문에 이런 요구를 했다.

그런데 공정위 입장에서 리니언시 정보를 검찰과 공유하는데 난감해했다. 왜냐하면 이 정보는 법 집행을 담당하면서 직무상 알게 된 사업자의 비밀이라고 해석될 수 있기 때문이었다. 이 정보를 누설하거나 공정거래법 시행을 위한 목적 외에 이를 사용하면 위법으로 처벌받는 규정이

있다.[31]

공정위와 법무부 간 리니언시 정보와 관련한 이견이 몇 가지 있었다. 주요 이견은 다음과 같다. 첫째, 리니언시 운영기관의 경우 공정위는 공정위로 일원화하자고 했고, 법무부는 공정위와 사법당국이 상호 협의하여 운영하자고 했다. 둘째, 자진신고자의 형사 제재에 대해 공정위는 1·2순위 모두에게 완전히 면제하자고 했고, 법무부는 1순위를 완전 면제하고 2순위를 필요에 따라 면제할 수 있다고 했다. 셋째, 리니언시 관련 정보의 공유에 대해 공정위는 반대했고, 법무부는 공유하자는 입장이었다.

이와 같은 이견을 좁혀보려는 실무 협의가 계속되었지만 합의가 이루어지지 않았고, 세부적으로 들어갈수록 이견이 더 벌어지는 경우도 있었다. 리니언시 정보를 공유하는 시점이나 범위 등에서 새로운 이견이 생겨났다. 예컨대 정보공유 시점의 경우 공정위는 중요 사건이면 60일 이내에 리니언시 지위를 확정하고 공유하며, 나머지 사건은 13개월 이내에 위원회 안건 상정 단계에서 공유하자는 입장이었다. 법무부는 정보가 접수된 초기부터 실시간으로 정보를 공유하고 사건별로 처리기관을 협의하자고 했다.

전속고발에 관한 협의에서 공정위와 법무부의 입장은 선명히 드러났다. 공정위는 폐지를 방어하는 차원에서 전속고발제도 도입의 취지를 감

---

31) 공정거래법 제62조(비밀엄수의 의무) 이 법에 의한 직무에 종사하거나 종사하였던 위원, 공무원, 협의회에서 분쟁조정업무를 담당하거나 담당하였던 사람 또는 동의의결 이행관리 업무를 담당하거나 담당하였던 사람은 그 직무상 알게 된 사업자 또는 사업자단체의 비밀을 누설하거나 이 법의 시행을 위한 목적 외에 이를 이용하여서는 아니된다.
제69조(벌칙) ① (생략)
② 제62조(비밀엄수의 의무)의 규정에 위반한 자는 2년 이하의 징역 또는 200만 원 이하의 벌금에 처한다.

안하여 폐지 범위를 최소화하려고 했다. 전속고발 협의에서 핵심 쟁점이 리니언시 문제라는 사실도 이해했다. 그리고 리니언시 정보와 관련하여 법무부가 의도하는 목적과 요구사항이 무엇인지를 파악하기도 했다.

법무부는 전속고발 폐지를 위해 공정위를 압박하는 입장이었다. 법무부는 폐지 범위를 과도하게 넓히는 경우 법 집행의 부작용이나 역풍이 생길 것으로 보고, 제한된 범위에서 폐지하는데 크게 반대하지 않았다. 그리고 리니언시 문제에 관한 협의에서 법무부 입장을 관철하는데 집중했다.

전속고발 협의는 2018년 8월까지 계속되었고, 합의 결과는 8월 21일 공정위원장과 법무부장관의 합의문에 포함되었다. 이 합의문을 살펴보면 전속고발 폐지 범위는 경성담합의 4개 유형으로 간단하다. 그러나 리니언시의 운영과 관련해서는 합의 내용이 매우 다양하다.

구체적인 합의 내용으로는 자진신고자에 대해 형벌을 감면하는 근거 규정 마련, 행정조사 자료 및 수사 자료 제공, 자진신고 정보의 공유 방식, 공정위 우선 조사 사건, 검찰 우선 수사 사건, 형사 면책 판단, 사업자에 대한 통지, 감면 취소 등이었다. 두 기관이 이처럼 여러 가지 사항에 대해 합의하였으므로 의견 일치에 어려움이 많았다.

이러한 합의 내용으로 보면 전속고발 폐지를 위한 합의가 아니라 리니언시 운영에 관한 합의였다고 하는 것이 적절할 것이다. 그리고 합의 결과는 대부분 법무부나 검찰이 요구한 내용을 일방적으로 반영한 내용이었다. 공정위를 수사하면서 협의가 진행되었다는 점을 생각하면 당연한 결과였을 것이다.

제4부.

전속고발 폐지론 vs 유지론

1장. 전속고발 폐지론

1. 폐지 이유

전속고발 문제가 제기될 때마다 소위 법 전문가들이 주장하는 몇 가지가 있다. 전속고발제는 한국에만 존재한다거나 혹은 한국과 일본에만 존재하는 제도이니 폐지해야 한다는 것이다. 또는 한국이 공정거래법을 졸속으로 제정하다가 일본의 제도를 그대로 받아들였으므로 이를 개선해야 한다는 의견도 있다.

전속고발제는 도입 취지에서 이미 설명한 바와 같이 경제문제를 형사절차로 제재하는 것이 초래할 부작용을 최소화하기 위해 도입된 제도로 일본에서 처음 만들어냈다. 이 제도는 일본 공정거래위원회의 법 집행 재량권을 인정하면서 검찰과의 관계에서 견제와 균형의 원리가 절묘하게 작동하도록 세심하게 고안됐다. 이러한 일본 제도의 핵심만을 수용한 것이 한국 공정거래법의 전속고발 소항이었다.

그러므로 전속고발제가 한국과 일본에만 존재한다고 하는 것은 이 제도를 아주 피상적으로 이해하는 것이다. 또한 다른 나라에서는 독점규제법을 형사벌로 처벌하지 않거나 최소화하고 있으므로 전속고발 문제가 제기될 이유가 없다. 이런 내용을 잘 모르거나 제대로 이해하지 못한 상태에서 전속고발 폐지를 주장하는 것은 이해하기 어렵다.

전속고발을 폐지해야 한다는 폐지론자가 내세우는 몇 가지 이유가 있다.

첫째, 공정위가 고발권을 독점함에 따라 고발에 소극적이고, 이 과정에서 대기업을 봐주고 있다는 의혹을 제기한다. 그리고 공정위 공무원과 대기업과의 유착 의혹까지 있다는 이유가 대표적이다.

둘째, 공정위와 검찰이라는 두 기관이 조사 또는 수사를 경쟁체제로 하면 담합이나 불공정행위에 대한 조사가 효율적으로 이루어질 수 있다는 주장도 있다. 미국의 경우 법무성과 연방거래위원회(FTC)가 이중으로 집행하고 있다는 사례를 예시하기도 한다.

셋째, 공정위 조사에 시간이 오래 걸리고, 공소시효가 임박하여 고발하는 '늦장 고발'도 빈번하다는 이유도 있다.

이러한 전속고발 폐지론은 특징이 있다. 첫째, 전속고발제도의 도입 취지나 본질적인 기능에 대한 이해가 부족하거나 무관심하다는 것이다. 앞에서 설명한 헌법재판소의 전속고발 관련 판결문(1995. 7. 21. 선고 94헌마136 전원재판부)에 눈감고 있는 것이다. 둘째, 주로 검찰을 중심으로 법조계에서 많이 주장하는 내용이라는 것이다. 이러한 주장을 일부 시민단체나 언론, 정치권 등에서 확대 재생산하여 이제는 그럴듯한 내용으로 많은 사람에게 알려졌다.

2. 폐지론의 문제점

전속고발 폐지론은 일반 대중에게까지 널리 알려졌지만 타당성을 찾기가 어렵다. 법조계를 중심으로 만들어진 폐지론이 널리 퍼졌지만 이에 대한 비판적인 검토가 제대로 이루어지지 않았기 때문이다. 이제부터 전속고발 폐지론의 문제점을 살펴보기로 한다.

첫째, 공정위 고발의 독점권 문제는 사실상 해소됐다고 보는 것이 타당하다. 고발 독점은 검찰총장을 비롯하여 감사원장, 조달청장, 중기청장의 고발 요청제로 사실상 무너졌다고 하겠다. 실제로 이들 기관의 고발 요청이 적극적으로 이루어지고 있다.

그리고 공정위가 적극 고발하고 있는 것은 통계상으로도 나타나는데, 세계 어느 국가의 집행기관보다 적극적으로 고발하고 있다. 전속고발 조항을 두고 있는 일본의 고발 건수보다 압도적으로 많이 고발하고 있다.

또한 공정위 공무원과 대기업의 유착이 문제라면 검찰이나 경찰의 사정(司正) 기능 강화로 대응할 문제이지 전속고발을 폐지해서 해결할 문제는 아닐 것이다. 목장을 지키는 사냥개 몇 마리가 소나 양을 제대로 지키지 못한다고 사냥개보다 훨씬 많은 숫자의 도사견이나 늑대를 풀어서 목장을 지키지는 않을 것이다.

둘째, 공정위와 검찰의 두 기관이 법 집행을 하도록 하자는 주장은 무책임한 주장이다. 동일한 업무를 두 기관이 서로 협의하면서 처리하는 것은 이론적으로만 가능할 뿐 실제로는 성과를 내기 어렵기 때문이다. 이에 관해서는 미국의 사례를 살펴보면 쉽게 이해할 수 있다. 미국은 독점규제법의 담합이나 기업결합 심사를 법무성(검찰)과 연방거래위원회(FTC)가 처리하는 이중 집행시스템을 운영하는 세계 유일의 국가이다.

미국이 이러한 시스템을 운영하는 것은 이중 집행시스템이 경쟁체제여서 효율적이기 때문이 아니라 역사적 배경에 따른 결과일 뿐이다. 최초에는 법무성이 단독으로 집행하는 체제로 운영했지만, 경제 사건에 형사절차를 적용하는 것이 부적절하다고 판단되자 연방거래위원회(FTC)를 설치하여 행정절차 중심의 집행시스템을 정립했다. 이 과정에서 기존 집행기관의 반대로 집행시스템을 정리하지 못해 이중으로 계속 운영했다.

미국 워싱턴에 있는 법무성(DOJ; Department of Justice) 건물(왼쪽)과 연방거래위원회(FTC) 건물 전경. 미국이 독점규제법을 2개 기관에서 집행하는 것은 효율적이어서가 아니라 형사절차로 집행하다 행정절차를 도입하면서 기존 집행기관의 반대로 집행시스템을 정리하지 못한 결과일 뿐이다.
〈출처〉 www.justice.gov, www.ftc.gov

그런데 이중 집행시스템이 비효율적이라는 것은 대표적으로 미시간대학교 로스쿨의 크레인(Daniel A. Crane) 교수의 연구 결과를 통해 쉽게 이해할 수 있다.[32] 그는 미국, EU를 비롯한 주요 국가의 독점규제법 집행시스템을 오랫동안 연구했는데, 2중 집행시스템은 관할권 혼선, 비용 중복, 일관성 없는 업무처리, 기관 간 이견 노출 등의 문제를 초래할 수 있다고 주장한다.[33]

그리고 이중 집행시스템이 서로 견제와 균형의 역할을 제대로 하거나, 상호 보완적인 역할을 충분히 한다면 효과를 거둘 수도 있겠지만 두 기관이 '쌍둥이 사냥(hunt in pairs)'을 한다고 했다. 즉, 한 기관이 적극적인 집행을 하는 시기에는 다른 기관도 적극적이고, 소극적인 집행을 하는 시

32) Daniel A. Crane교수의 연구 결과를 정리한 이하 내용은 지철호, 『독점규제의 역사』, 94쪽 내용을 전재한 것임.
33) Daniel A. Crane, 『The Institutional Structure of Antitrust Enforcement』, Oxford University Press, New York, 2011, pp. 42~44.

기에 다른 기관도 소극적이라는 것이다.[34]

결론적으로 크레인 교수는 "이중 집행시스템을 설치하는 것은 이론적으로 매력적이지 않고 현실적으로 불완전하다. 그리고 다른 국가에게 추천할 만한 시스템이 전혀 아니다"라고 정리했다. 그럼에도 불구하고 미국이 이중 집행시스템을 유지하는 것은 현재 시스템에 대해 전면적인 수정을 정당화할 정도로 심각한 문제가 있는 것이 아니기 때문이다.[35] 오랜 기간 유지된 두 기관을 하나로 통폐합하거나 한 기관을 폐지하는 것이 초래할 수 있는 여러 가지 문제나 비용 등을 생각하면 지극히 현실적이고 실용적인 설명이다.

셋째, 공정위 조사 또는 처리에 장기간이 소요되는 것은 다른 제도적인 보완이나 집행 절차를 개선해서 해결할 문제에 불과하다. 조사의 전문성 강화, 전문 인력의 증원, 신속 처리 절차의 도입 등이 이루어지면 개선될 문제일 것이다. 이런 문제에 대해 전속고발 폐지로 대응하려는 것은 엉터리 진단을 하고 엉뚱한 처방을 하는 것과 같다. 이러한 처방이 초래할 심각한 부작용에 대해서 깊이 생각할 필요가 있다.

---

34) Daniel A. Crane, 전게서, p. 36.
35) Daniel A. Crane, 전게서, pp. 46~48.

2장. 전속고발 유지론

1. 유지 이유

전속고발을 유지해야 할 몇 가지 중요한 이유가 있다.

첫째, 경제 활동에 관한 법 집행이므로 전속고발을 통해 형사 벌칙 적용에 신중해야 한다는 것이다. 이에 대해서는 이미 앞에서 자세히 설명했으므로 이와 관련한 더 이상의 설명이 필요 없을 것이다. 공정거래법 위반사건에 대해서는 행정조치만으로 제재할 것인지 아니면 더 나아가 형벌까지 적용할 것인지를 경제 분야 전문기관에서 판단해야 한다.

공정위가 형벌이 적용되도록 고발을 할지에 대한 재량권은 무제한의 재량이 아니다. 위법성이 명백하고 중대한 위반행위에 대해서는 고발할 의무가 있다. 이에 대해 헌법재판소 판결문은 다음과 같이 서술하고 있다.

"그러나 모든 행정청의 행정재량권과 마찬가지로 전속고발제도에 의한 공정거래위원회의 고발재량권도 그 운용에 있어 자의가 허용되는 무제한의 자유재량이 아니라 그 스스로 내재적인 한계를 가지는 합목적적 재량으로 이해하지 아니하면 안된다고 할 것이다. 만약 공정거래위원회가 대폭의 가격인상카르텔 등의 경우와 같이 그 위법성이 객관적으로 명백하고 중대한 공정거래법 위반행위를 밝혀내고서도 그에 대한 고발을 하지 아니한다면 법집행기관 스스로에 의하여 공정하고 자유로운 경쟁을 촉진하고 소비자를 보호한다는 법목적의 실현이 저해되는 결과가 되어 부당하기 때문이다.

> 결국 공정거래법이 추구하는 앞서 본 법 목적에 비추어 행위의 위법성과 가벌성이 중대하고 피해의 정도가 현저하여 형벌을 적용하지 아니하면 법 목적의 실현이 불가능하다고 봄이 객관적으로 상당한 사안에 있어서는 공정거래위원회로서는 그에 대하여 당연히 고발을 하여야 할 의무가 있고…."

1995. 7. 21. 선고 94헌마136 전원재판부 판결문

공정위의 통계를 살펴보면 적극적으로 고발하고 있는 경향이 뚜렷하다. 공정위는 담합과 같은 위반행위가 객관적으로 명백하고 중대한 경우 고발지침에 따라 고발하고 있다. 그리고 고발 요청제에 따라 검찰총장을 비롯하여 조달청장, 중소벤처기업부 장관의 요청으로 고발이 이루어지고 있다. 다른 나라의 집행과 비교하여 고발이 과도한 것을 우려해야 할 수준이다.

앞으로의 법집행에서는 고발을 남발하는 방식을 개선할 필요가 있다. 행정제재를 엄정히 하면서 위반행위를 사전에 차단할 수 있는 시장구조를 만들어나가야 할 것이다.

둘째, 공정거래법 집행은 경제 분석 등을 거쳐 경제전문가의 판단으로 이루어져야 한다. 공정거래 사건은 이미 설명한 것과 같이 부당성이나 경쟁제한성에 대한 판단이 필요하기 때문이다. 전속고발 폐지는 이러한 집행을 어렵게 한다.

셋째, 전속고발을 폐지하면 예상하지 못한 부작용을 초래할 우려도 있다. 이와 관련하여 지적되는 것이 담합 행위에 대한 자진신고(Leniency)가 어려워진다는 것이다. 오늘날 거의 모든 담합은 자진신고에 의해 적발되는데 전속고발이 폐지되면 자진신고 이후에 불안이 커질 것이다.

자진신고 정보를 수사기관과 공유하면 자진신고자에 대해서도 수사기관이 일단 조사나 수사를 하게 된다. 그러므로 자진신고자는 수사가 어디까지 진행될지, 소위 별건 수사는 없을지, 자진신고자로 인정되어 제재를 면제받을지 여부 등이 불확실하게 된다. 그러면 담합을 자진신고하는 것이 아니라 더욱 깊숙이 감추려고 할 유인이 커질 수 있다. 전속고발 폐지가 의도와는 다른 결과를 초래할 가능성도 충분히 예상된다고 하겠다.

2. 전속고발 폐지 시 예상되는 부작용

전속고발 폐지의 가장 큰 문제점은 폐시 시 예상되는 부작용이다.

먼저, 대표적인 부작용은 법의 과다집행(Over enforcement)에서 발생하는 기업 활동의 위축일 것이다. 공정위의 과소집행(Under enforcement)이 문제점이었다면 전속고발 폐지에 따라 이번에는 과다집행의 부작용을 충분히 예상할 수 있다. 공정위가 약 6백여 명의 정원으로 집행하던 법을 수천 명의 검찰, 10만 명이 넘는 경찰이 집행하는 형태가 되기 때문이다.

이에 대해 수사기관의 일부 인력에 대해서만 한정하여 공정거래 사건을 집행하도록 제한하면 해결이 가능하다고 할 수도 있다. 그러나 이런 생각은 이론적으로 가능할지 모르겠으나 현실적으로 실현하기 어려운 문제일 것이다. 일반 형사범죄에 대한 수사와 경제분야 범죄에 대한 수사의 성격이 달라서 수사 인력을 전문화해야 하는데 현장에서는 개인의 선호도, 순환배치 원칙 등과 충돌이 발생할 것이기 때문이다.

그리고 민원인이 검찰, 경찰, 공정위는 물론 다른 관련기관에 중복 신고하고, 시민단체, 소액주주 등의 고소·고발까지 이어지는 경우 과다집행은 더욱 큰 문제가 될 것이다. 또한 수사기관의 고질적인 별건수사 가능성도 항상 경계해야 할 문제이다. 2018년 8월 공정위가 전속고발 폐지 방안을 발표했을 때 경제계는 물론 언론이나 정치권에서 가장 우려했던 부작용이 이러한 과다집행의 문제였다. 결코 가볍게 생각할 문제가 아니라고 하겠다.

과소집행의 문제는 집행방식이나 절차를 개선하거나 전문인력 보강 등을 통해 비교적 적은 비용으로 개선방안을 찾을 수 있다. 그리고 공정위와 대기업의 유착 의혹이 있다면 이 문제에도 수사기관이 효과적으로 대처할 수 있을 것이다.

그러나 과다집행 문제는 개선하거나 되돌리는 것이 어렵거나 불가능하다. 경제가 무너지거나 기업이 도산해야 해결될 수 있을 것이다. 수많은 수사기관 공무원과 기업의 유착 가능성도 증가할 것인데 이에 대한 대책 마련은 불가능에 가깝다.

다른 부작용으로 검찰권한이 과도하게 커지는 문제를 지적하기도 한다. 검찰이 기업에 대해 직접 수사하면 수사의 우선권을 가지게 될 것이고, '중대한 담합'에 대해서만 수사한다고 하더라도 그 경계가 모호하다는 문제가 있다. 또한 국내시장은 대부분 독과점시장 구조여서 기업이 담합 혐의에서 자유로울 수 없는 상황이라는 점을 감안하면 검찰의 중대한 담합 수사가 경제활동 전반에 영향을 미칠 우려가 크다.

또한, 기업 부담이 전반적으로 증가하게 된다. 그나마 대기업은 상대적으로 경영상황이 투명하거나 사건 발생 시 대응능력이 있지만, 중견·중소기업의 부담은 심각할 것으로 예상된다. 특히, 중견·중소기업은 공정거래법 위반 비율이 대기업보다 높은 상황이므로 이들이 전속고발 폐지에 더 취약할 수밖에 없을 것이다.

한편, 전속고발 폐지 시 검찰 수사에 대응하기 위한 기업의 법무비용 증가나 검찰 출신 변호사를 위한 새로운 시장이 형성되는 부작용을 지적하기도 한다.[36] 이는 검찰을 비롯한 법조계가 전속고발 폐지에 매우 적극적인 이유의 하나라고 하겠다. 아래의 인터뷰 기사처럼 수사기관의 직접 수사권 문제를 법조계 출신자의 이익이라는 관점에서 설명할 수도 있다.

"저는 검찰은 현직에 있을 때나 퇴직 후 모두 '이익의 공동체'로 봅니다. 이익의 공동체란 게 뭐냐, 현직에 있을 때 정치·재벌권력을 상대로 센 수사를 하는 척하는 거예요. 실제 하기도 하죠. 그러면 국민은 환호합니다. 검찰은 그런 어마어마한 권력을 단죄하는 정의의 구현자처럼 연출하는 거예요. 그런 막강한 수사권의 혜택은 누가 봅니까. 어마어마한 수임료를 받는 전관 변호사가 받습니다."

(황운하, "검찰 직접수사권 없어지지 않는 한 검찰개혁 실패한다",
경향신문, 2020. 7. 11일자 인터넷 기사)[37]

이처럼 전속고발 조항은 그 자체로서 유지되어야 할 이유도 있지만, 폐지 시 여러 부작용이 발생할 우려가 매우 크다는 문제가 있다. 그러므로 이를 개선하기 위해서는 학계 전문가들의 이론적인 연구, 다른 나라

---

36) 동아일보, "개인도 '불공정행위 중지 청구' 가능… 재계 "소송 남발 우려"", 6면, 한겨레, "재계는 "이중 조사 우려"", 4면 등 018. 8. 22. 일자 참조.
37) 경향신문, "황운하, "검찰 직접수사권 없어지지 않는 한 검찰개혁 실패한다"", 2020. 7. 11. 일자, 인터넷 기사. 원문보기: https://www.khan.co.kr/politics/politics-general/article/202007111644001#csidxf3f08d22b214abfa3e2dfe0d65a2c1d

의 제도운영 상황, 경제계가 예상하는 파급 효과 등에 대해 충분한 연구와 논의를 거쳐야 할 것이다. 이런 신중한 절차 없이 전속고발을 폐지하면 담합 행위를 잡겠다고 국가 경제를 망치는 우를 범하게 될 것이다.

3. 전속고발 없는 법률에서의 집행결과 비교

공정위가 운용하는 법률 중에서 방문판매법[38]의 경우 전속고발 규정이 없다. 그래서 법위반 혐의가 있으면 검찰이나 경찰과 같은 수사기관도 직접 사건을 수사하여 조치할 수 있고, 공정위도 신고나 직권으로 사건을 조사하여 처리할 수 있다.

이 법률은 방문판매, 전화권유판매, 다단계판매, 후원방문판매, 계속거래, 사업권유거래 등 모두 6가지 유형[39]의 특수한 판매·거래를 규제한다. 이러한 특수판매는 판매자가 고객의 방문을 기다리지 않고 적극적으로 고객을 찾아가서 판매하는 형태이다. 소비자는 판매 점포를 가지 않고도 물품을 구입할 수 있어 편리한 측면이 있다.

그러나 특수판매에서는 소비자가 해당 거래에 대해 충분히 생각할 여유가 없고, 판매자가 소비자보다 상품에 대한 지식·정보가 풍부하여 판매자 주도로 거래가 이루어지는 경향이 있다. 그래서 거래과정에서 판매자에 의해 강압적이거나 거짓·과장된 설명 등이 행해지기 쉽기 때문에 일반적인 판매와 달리 소비자에게 피해가 발생할 가능성이 상대적으로

---

38) 이 법의 정식 명칭은 '방문판매 등에 관한 법률'이고, 1991년 12월 31일 제정되어 산업자원부에서 집행했으며, 부처별 유사·중복 기능이 재편되면서 1999년 5월 24일부터 공정위로 이관되었다.

높다. 따라서 공정위는 물론 수사기관이 직접 법집행을 하고 있다.

공정위와 검찰의 방문판매법 집행 실태를 비교하면 아래 〈표〉와 같다. 여기서 공정위는 사건 수를 기준으로 하고 검찰은 사건에 포함된 인원을 기준으로 한다는 점에 유의해야 한다. 대개 한 개 사건에 여러 명이 포함되므로 공정위의 통계 숫자를 인원수 기준으로 바꾼다면 더 많아질 것이다. 이런 측면을 참작하더라도 검찰의 방문판매법 집행이 공정위보다 압도적으로 많이 이루어지고 있다.

---

39) 방문판매법의 6가지 판매유형은 다음과 같다.
　① 방문판매란 판매업자가 사업장 외의 장소에서 소비자에게 권유하여 상품을 판매하는 방식으로 직접 방문판매(판매원이 가정, 직장 등을 방문하여 판매)가 일반적이고, 노상판매(노상 진열대나 자동차에 싣고 순회 판매하는 경우 등), 특설판매(홍보관, 떴다방, 체험방 등 형태의 판매)도 포함됨
　② 전화권유판매란 전화를 이용하여 소비자에게 권유를 하거나 전화회신을 유도하여 판매(전화로 상품을 소개·광고하는 데 그치고 그 이후에 거래한다면 전화권유판매가 아니라 일반판매 또는 통신판매에 해당할 것임)
　③ 다단계판매란 권유에 의한 판매원의 가입이 3단계 이상 단계적으로 이루어지고, 다른 판매원들의 거래실적 등에 따라 수당을 지급하는 방식으로 판매조직을 통해 상품을 판매하는 형태
　④ 후원방문판매란 방문판매와 다단계판매의 요건을 모두 갖추었으면서 특정 판매원의 거래실적 등이 직근 상위판매원 1인의 후원수당에만 영향을 미치는 수당 지급방식을 가진 판매조직으로 상품을 판매하는 유형
　⑤ 계속거래란 1개월 이상 계속하여 또는 부정기적으로 거래하는 형태로 잡지 구독이나 레저·스포츠시설 이용권 판매 등과 같은 대부분의 회원제 거래
　⑥ 사업권유거래란 사업 기회를 알선·제공하는 방법으로 상대방을 유인하여 상품을 판매하는 거래로 온라인쇼핑몰을 개설하여 주며 컴퓨터를 판매하거나 번역 업무를 맡기면서 번역관련 서적이나 테이프 등을 판매하는 형태

표6 | 공정위와 검찰의 방문판매법 사건 처리 비교

(단위: 공정위는 건 수, 검찰은 명 수)

				2003	2005	2007	2009	2011	2013	2015	2017	2019
공정위	사건처리	사건접수		124	74	86	98	37	50	64	43	48
		합계		33	99	86	106	42	35	76	66	50
		조치	시정[1]	19	58	46	59	8	6	26	24	11
			경고[2]	6	5	21	25	6	7	10	13	27
		미 조치[3]		8	36	19	22	28	22	40	29	12
검찰	사건처리	사건접수		1,188	1,656	1,641	3,755	1,793	1,366	982	2,320	1,678
		합계		1,123	1,444	1,523	3,371	1,388	1,210	824	1,871	1,234
		기소[4]		384	483	486	1,254	317	281	261	346	240
		불기소[5]		582	603	780	1,382	494	479	288	699	607
		타관 송치[6]		157	358	257	735	577	450	275	826	387

〈참고〉 1: 고발, 과징금 부과, 시정명령, 시정권고를 포함
2: 경고, 자진 시정(자진 시정의 경우 경고 조치함), 과태료를 포함
3: 무혐의, 심의절차 종료 등을 포함
4: 구속, 불구속, 약식기소를 포함
5: 혐의 없음, 기소유예, 공소권 없음, 기소 중지, 각하, 공소 보류 등을 모두 포함
6: 다른 검찰청으로 사건 송치

〈출처〉 공정위: 공정거래위원회, 2020년도 통계연보, 18쪽, 30쪽, 74쪽
검찰: www. crimestats. or. kr에서 「검찰연감」DB 중 방문판매법 접수·처리 인원

선속고발 폐지와 관련하여 방문판매법 집행이 시사하는 것은 여러 가지가 있겠지만 그 중에서 두 가지를 지적하려고 한다.

첫째, 전속고발 유지로 공정위의 과소 집행(Under enforcement)이 문제라고 하지만, 전속고발이 폐지되면 검찰의 과다 집행(Over enforcement)이 문제될 수 있다는 것이 두 기관의 집행 결과 비교에서 잘 나타난다. 정치적 결단이라면 어느 쪽이라도 선택할 수 있겠지만 선택이 가져올 파급 효과, 집행 비용이나 부작용, 원상복구 가능성 등을 면밀히 살펴야 할 것이다.

둘째, 전속고발 존폐에 따라 과소 또는 과다 집행이 발생하면 그 결과로 발생하는 이익이나 피해가 어떻게 얼마나 발생하고, 그것이 주로 누

구에게 돌아갈 것인지에 대해서 깊이 고민할 필요가 있다. 그동안 전속고발 문제가 일부 법조계의 목소리에 지나치게 경도되어 논의된 것이 아닌지도 뒤돌아보아야 할 것이다.

특히, 전속고발 폐지 여부는 방문판매라는 한정된 분야가 아니라 경제 분야 전체에 큰 영향을 미치는 문제일 것이다. 따라서 전속고발 폐지로 과다 집행의 직접 피해자가 될 수 있는 대·중소기업의 목소리에 더욱 귀를 기울여야 할 것이다. 그리고 경제 활동의 위축으로 국민 모두가 궁극적인 피해자가 될 수 있으므로 충분히 설명하고 동의하는지 여부를 살펴야할 것이다. 경제의 근간을 뒤흔들 수도 있는 문제이므로 결정하는데 신중에 신중을 기해야 할 것이다.

3장. 전속고발 폐지와 검찰 직접수사의 문제

1. 미국의 직접수사에서 배워야 할 시사점

전속고발 조항이 폐지된다면 검찰이 직접 기업 활동을 수사하게 된다. 미국의 법무성(DOJ; Department of Justice)이 그렇게 하고 있는데, 혹자는 한국도 검찰이 수사하면 담합과 같은 위법행위에 대한 법집행이 효과적으로 이루어질 것으로 생각하는 것 같다. 그렇지만 이런 생각은 미국의 법집행을 피상적으로 이해한 결과라고 하겠다.

미국은 제23대 해리슨 대통령 시절이던 1890년에 셔먼법이라는 독점규제법을 처음 제정했지만, 이를 제대로 집행한 것은 10년이 훨씬 지난 제26대 시어도어 루스벨트 대통령 시절부터였다. 루스벨트 대통령은 재임 중 43건의 트러스트를 기소하여 '문어 사냥꾼(Octopus hunter)' 또는 '트러스트 분쇄자(Trust buster)'라고 불렸다.

루스벨트 대통령의 독점규제법 집행 역사에서 눈여겨봐야 할 것은 1903년 2월 14일 통상노동성(Department of Commerce and Labor)이라는 기관을 설치한 것이었다. 이 기관은 1913년 3월 4일 폐지되기까지 불과 10여 년 동안 네 명의 장관이 재임했던 단명한 조직이었다.[40] 그는 법 규정만으로 트러스트를 기소한 것이 아니라 이 조직을 활용하여 트러스트(Trust)에

---

40) Department of Commerce and Labor - Wikipedia (Google 검색). 통상노동성은 세 개의 서로 다른 기관으로 발전적인 해체를 했다. 1913년 통상성(Department of Commerce)과 노동성(Department of Labor)으로 계승됐고, 기업국의 직원과 업무는 1915년 연방거래위원회(Federal Trade Commission)라는 조직으로 이관됐다.

미국 루스벨트 대통령이 트러스트라는 독점 대기업에 맞서 싸우기 위해 신설한 조직이 통상노동성(Department of Commerce and Labor)이었다. 10년(1903.2~1913.3) 정도 존속한 단명 조직이었지만, 이 조직의 신설로 정부는 민간기업 활동을 체계적으로 조사하고 분석하여 제도적인 개입을 시작했다.

맞서 싸웠다.

통상노동성은 여러 산업을 대상으로 통상, 노동, 트러스트 등의 실태와 문제점을 조사하고 분석하여 대통령에게 보고서로 제출했다. 예컨대 이 기관의 기업국(Bureau of Corporations)은 석유, 수력에너지, 담배, 철강, 목재 등과 같은 산업을 대상으로 독점 상태, 소유 지배 실태 등을 연구했다. 그리고 여기에서 작성한 보고서가 정부의 정책 추진이나 법 집행에 필요한 자료로 제공됐다. 석유산업에 관한 보고서가 법무성에서 스탠다드오일 트러스트를 기소하여 1911년 이를 해체하는 데 활용되기도 했다.

미국의 독점규제법 집행은 산업의 실태나 기업에 대한 분석을 거쳐서 분석적이고 체계적으로 이루어졌다. 이러한 독점규제법 집행의 역사와 전통은 오늘날까지도 계속 되고 있다. 미국은 법무성과 연방거래위원회 (FTC)에서 법을 집행하는데, 두 기관의 구성원들은 법률 전문가와 경제전문가가 각각 일정 수준 이상의 비율을 차지하고 있다. 두 기관의 정원이 매년 예산에 따라 변동하여 각 전문가의 정원은 고정되어 있지 않다.

예컨대 오늘날 법무성의 반독점국(Antitrust Division)에서는 경제학을 전공한 박사급 전문가가 40~50명에 이르고 있다. 독점규제법 집행이 경제 분야에 관한 법 집행이라는 점을 감안하여 경제전문가가 집행에 참여하고 있다. 미국의 집행 역사에서 배워야 할 중요한 교훈이나 시사점이다.

한국에서도 검찰이 기업 수사를 담당하도록 전속고발을 폐지하려면 법무부나 검찰이 사전에 해결해야 할 문제가 바로 법적용에 경제전문가를 참여하도록 하는 방안이다. 이들을 실제로 법집행에 참여시키는 경우 그 규모와 자격을 어떻게 할 것인지, 그리고 어떻게 선발하고 충원하며 무슨 역할을 담당하도록 할 것인지 등에 대해 먼저 고민할 필요가 있다.

검찰에 배치되는 우수한 인력은 오로지 법률 분야의 전문가일 뿐이다. 개인적으로 경제학을 공부한 경우도 있겠지만 아주 예외적인 사례일 것이다. 그리고 불과 1~2년 정도의 기간을 근무하고 순환 배치되는 인사 운영 시스템에 따라 움직인다. 이러한 인력 충원과 배치, 순환 근무 원칙 등은 경제 분야의 전문지식과 경험, 경제 분석이 필요한 법집행을 담당하는데 아주 부적합한 구조라고 할 수 있다.

2. 한국의 직접수사가 초래한 비극

"'우지사건'은 무지한 일부 검찰의 오인으로 사실을 왜곡하여 무리하게 수사한 사건입니다."

…

"앞으로 우리가 겪었던 전철을 또 다시 되풀이하지 않기 위해서는 식품 성분에 대해 유해성 논란 문제는 식품관련 전문가 단체에 의한 과학적 분석과 판단이 선행되어져야한다고 다시금 강조하고 싶습니다."

…

(한 식품회사 홈페이지의 홍보관 메뉴 중 역사관 부분에서 발췌)

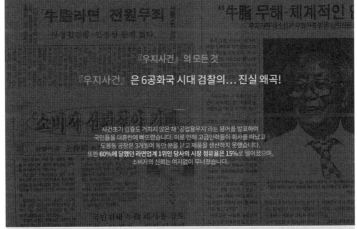

『우지사건』에서 무죄 판결을 받았던 한 식품회사의 홈페이지 내용(발췌). 이 사건
은 투서 한 장으로 수사가 시작되어 7년 9개월 만에 무죄로 판결났지만 관련 식품
시장의 판도를 뒤바꾸었다. 경제 활동에 대한 법 전문가만의 집행이 초래한 비극
이었다. 41)

41)　samyangfoods.com > 홍보관 > 삼양역사관 부분에 있는 13개 화면 중에서 발췌한 일
　　　부이다.

민간 기업이 자기 회사를 소개하고 홍보하는 홈페이지에서 13개의 흑백 화면을 통해 이러한 내용을 게재하고 있다. 현재까지 이런 내용의 흑역사를 소개하고 있는 것은 해당 기업의 입장에서 과거 사건을 도저히 잊을 수 없는 뼈아픈 기억으로 삼고 있다는 것을 충분히 짐작할 수 있다.

'우지사건'은 1989년 11월 3일 검찰이 5개 식품회사 대표와 실무자 10명을 '공업용 우지'를 사용하여 라면 등을 제조 및 판매한 혐의로 전격 구속하면서 시작됐다. 우지는 소기름을 의미하는데 원산지인 미국에서는 이를 1~16등급으로 구분했다. 1등급은 식용 지방(Edible Tallow), 2등급은 톱 화이트 탤로(Top White Tallow), 3등급은 엑스트라 팬시 탤로(Extra Fancy Tallow) 등의 명칭으로 사용했다.

그런데 검찰은 1등급 식용(Edible) 우지 이외에 2~3등급 우지를 사용한 것을 비식용 우지, 즉 공업용 우지를 사용한 것으로 이해했던 것이다. 2~3등급 우지도 채취한 그대로는 식용이 불가능하지만 정제과정을 거치면 식용으로 사용할 수 있었다. 그럼에도 검찰이 섣부르게 판단한 내용을 언론에서 공업용 기름으로 라면 등을 제조했다고 보도하면서 국민들의 분노가 들끓었다.

이 사건은 검찰로 날아온 한 장의 투서에서 시작되었다는데, 7년 9개월이라는 긴 법적 공방을 거쳐 완전 무죄로 판결이 났다. 그러나 이 과정에서 해당 라면회사는 시장점유율 1위 자리를 경쟁업체에게 내줬고, 100만 상자 이상의 제품 회수 등으로 수백억 원의 금전 피해는 물론 1,000여 명의 임직원 구조조정과 해외 수출 타격이라는 엄청난 피해를 당했다. 식품위생 사건 가운데 가장 떠들썩했던 이 사건은 경제 분야에 대한 법집행이 일반적인 형사사건과는 달라야 한다는 것을 일깨워주는 대표적인 사례였다.

우지 사건은 "관련기관에서도 흔히들 '비전문가인 검찰과 언론이 벌인 무식한 소동이었다'고 이야기하고 있으며, 대체적으로 식품회사의 잘못보다는 검찰과 언론의 무지, 식품관련 전문가들의 무소신이 빚어낸 합작품이라 할 수 있다"라고 보고 있다.[42] 이처럼 수사 당국과 언론의 속단과 오판에서 비롯한 식품위생사건은 이외에도 많았다.[43]

비록 공정거래법 집행사례는 아니지만 우지 사건을 뒤돌아보면 경제활동에 대한 법집행은 해당 기업은 물론 관련 시장에 미치는 영향이 크기 때문에 충분한 시간을 갖고, 많은 자료를 검토하고 연구와 분석, 전문가 참여와 논의 등을 거쳐 신중해야 한다는 것을 일깨워주고 있다. 그리고 법집행 과정에서 법 전문 지식과 함께 경제 분야의 전문 지식과 분석, 판단이 매우 중요하다는 것을 절감케 하고 있다.

---

42) 이철호, 『식품위생사건 백서 I 』, 고려대학교출판부, 2007.1.15, 64쪽.
43) 이철호, 『식품위생사건 백서 I 』및 『식품위생사건 백서 II 』, 고려대학교출판부 발간 자료에 여러 사건이 소개되어 있다. 수사기관이 충분한 시간과 자료, 분석과 검토 등을 거쳐 사건을 처리하지 못해 관련 시장에 큰 파장을 일으키는 경우가 많았다.

제5부.

전속고발의 기원: 일본과 한국의 제도 도입과 운영

1장. 일본의 공정거래법 제정과 최초의 전속고발 도입[44]

1. 일본의 공정거래법 제정

일본은 1945년 8월 15일 세계 제2차 세계대전에서 연합군에 항복했다. 연합국을 대표한 미국은 대일 점령정책의 일환으로 연합국최고사령부(GHQ ; General Headquarters)를 일본에 설치했다. 이 사령부가 전후 일본의 국가재건계획을 추진했는데, 경제개혁에는 독점규제법을 제정하는 내용이 포함됐다. 경제개혁의 성과를 경제체제에 항구적으로 정착시키기 위해 독점규제법 제정이 필요했기 때문에 미국의 독점규제제도가 일본에 전수됐다.

일본의 공정거래법 제정은 연합국최고사령부(GHQ)의 지시에 따라 시작됐고, GHQ의 반트러스트 및 카르텔과(Antitrust and cartels division) 주임이었던 카임(Posey T. Kime)[45]의 시안 작성으로 구체화됐다. 1946년 8월 카임 법안이 미국의 독점규제 3법, 즉 〈셔먼법〉, 〈클레이튼법〉, 〈FTC법〉을 종합한 단일안으로 일본 측에 제시됐다. 일본은 그 이전에 상공성(商工省)에서 자체적으로 산업질서법안을 준비했지만 GHQ가 이를 받아들이지 않았다.

---

44) 이 부분의 내용은 지철호, 『독점규제의 역사』, 107~129쪽 내용을 요약 정리하거나 전재한 것임.

45) 카임(Posey T. Kime)은 1930년 미국 인디애나주 상고법원 판사 등을 거쳐 1942년 법무성 반독점국(Antitrust Division)으로 옮겼다. 2차 대전이 끝나고 일본에 설치된 연합국최고사령부(GHQ)의 반트러스트 및 카르텔과(Antitrust and cartels division) 주임으로 1년간 근무하며 일본의 독점규제법 초안을 기안했다.

미국 측의 구상에 따라 만들어진 시안은 매우 엄격한 내용이었다. 이러한 독점규제법 제정안에 대해 일본 상공성 중심의 경제계와 법조계는 크게 반발했다. 이 과정에서 GHQ와 일본 정부는 밀고 당기는 교섭을 진행했다. 마침내 1947년 3월 18일 〈사적 독점의 금지 및 공정거래의 확보에 관한 법률안〉이 각의에서 의결됐다.

이 법률안은 3월 22일 의회에 상정된 뒤 법률의 조기 제정을 요구하는 GHQ의 강한 압력으로 3월 31일 실질적 심의도 없이 가결되어 7월 20일부터 시행됐다.[46) 이렇게 GHQ가 주도하여 최초로 제정된 법을 일본에서는 원시 독점금지법(原始 獨占禁止法)이라 한다. 일본법의 주요 특징은 미국의 반트러스트제도를 거의 그대로 수용한 것이라고 하겠다.[47)

이상과 같은 법제정 과정의 주요 내용을 발생순서로 요약하면 다음과 같다.[48)

□ 연합국사령부 각서 「지주회사의 해체에 관한 건」(1945.11월) C항에 의해 법률 제정을 지시
□ 상공성에서 산업질서법안 요강을 작성(1946.1월)했고, 이에 대해 사령부가 거절
□ 에드워즈 재벌조사단[49)에 의해 반트러스트 입법을 권고(1946.3월, 공표는 1946.10월)
□ 사령부에서 항구적 입법을 지시(1946.7.23일자)했고 카임 시안이 제시됨(1946.8월)
□ 독점금지순비소사회들 설치하고, 다음 회기 통싱 의회에 법인을 제출히는 것을 내용으로 하는 「독점금지법에 관한 항구적 제도 준비의 건」을 각의에

46) 고토 아키라(後藤晃)·스즈무라 고타로(鈴村興太郎) 편저, 정병휴 역, 『일본의 경쟁정책』, FKI미디어, 서울, 2000.6, 29~30쪽.
47) 田中誠二, 菊地元一, 久保欣哉, 福岡博之, 坂本延夫, 『コンメンタール 獨占禁止法』, 勁草書房, 東京, 1981, 4쪽.
48) 平林英勝, "獨占禁止法制1條の起草過程とその背景および意義", 筑波ロ·ジャナル, 2007.3 創刊號, 41~42쪽.
49) 에드워즈 재벌조사단은 노스웨스턴대학 경제학과 Corwin D. Edwards 교수를 단장으로 하여 법무성, FTC, 증권거래위원회, 관세위원회 대표를 포함한 8명으로 구성됐다.

서 결정(1946.11.3)

□ 경제각료 간담회의 「독점금지제도 요강(안) 을안(乙案)」에 대해 사령부에서
거절(1946.12월)

□ 법률 시안을 작성하여 사령부에게 제시(1947.1월 및 2월)

□ 사령부의 수정 의견에 기초해 수정 시안을 작성한 뒤 사령부와의 절충
(1947.2월 및 3월)

□ 법안의 각의 결정(1947.3.18) 및 국회 제출(1947.3.22)

□ 중의원·귀족원에서 원안대로 가결되어 성립(1947.3.31)

2. 최초의 전속고발 도입과 주요 내용

일본 공정거래법 제정에서 두드러진 특징의 하나가 바로 전속고발 규
정을 마련한 것이었다. 이 제도를 도입한 것은 일본에 공정거래위원회라
는 집행기관을 설치하고, 행정절차 중심의 법집행이 이뤄지도록 규정한
것보다 훨씬 복잡하고 어려운 문제였을 것이다. 왜냐하면 집행기구나 절
차는 미국의 법집행에서 이미 유사한 경험을 한 내용이었지만 전속고발
규정은 미국에게 전혀 생경한 새로운 제도를 최초로 도입한 것이었기 때
문이다.

전속고발은 일본의 원시 독점금지법에서 처음 도입되어 현재까지 계
속 존치되고 있는 특별한 제도인데 도입 경위는 다음과 같다.[50] 1946년

---

50) 泉水文雄, 西村暢史, "原始獨占禁止法の制定過程と現行法への示唆 -公取委の組織, 司
法制度, 損害賠償, 刑事制度-", 259~279쪽. 이 논문의 제6장 제2절에서 전속고발제도
도입 과정을 자세히 기술하고 있는데 이 부분을 요약한 것임.

7월 GHQ에서 일본의 독점규제법 제정을 지시했고, 카임 시안이 제시된 것이 그해 8월이었다. 그리고 일본 측은 1946년 10월 8일자로「경제질서에 관한 시사(示唆)에 대한 의견(안)」을 제시했는데, 이 문서 내용에 전속고발제도에 관한 부분이 포함됐다.

위 의견(안)에서 일본 측은 법위반에 대한 형사상 처리에 관해 "A. 위원회는 검찰국에 고발한다. B. 이 법에 관한 위반사건에 대해서는 검찰국이 직접 발동하지 않고 반드시 위원회의 고발을 요하는 것으로 한다"라고 제시했다. 이것은 독점규제법 위반사건의 경우 검찰이 주도권을 갖고 기소할 수 없고, 기소에는 위원회의 고발이 필요하다는 전속고발제도를 도입해야 한다는 입장을 밝힌 것이었다.

이에 대해 미국 측의 법무성(DOJ)은 반대 의사를 분명히 했다. 1946년 10월 8일자「카임 시안에 대한 법무성 의견」은 법집행을 하는 위원회의 권한은 대략 시안대로 하도록 용인하면서도, "공소 제기는 위원회의 의결에 기초하여 법무대신이 검사를 지휘하여 이것을 할 것(기소 명령)"이라고 밝혔다. 이후에도 미국 측은 전속고발제도 도입에 대해 계속 반대했다.

쟁점은 크게 세 가지였다. 첫째, 위원회의 고발이 있어야 하는지 여부와 검찰 또는 재판소가 독자적으로 판정할 수 있는지 여부였다. 둘째, 고발 대상의 문제도 쟁점이었는데 법위반 행위에 대해 직접 고발할지, 집행기구가 위반자에게 일정한 명령을 하고 이에 따르지 않는 경우에 고발할지, 두 경우 모두를 고발 대상으로 할지 여부였다. 셋째, 위원회의 고발 의무화와 관련하여 고발할 수 있다고 할지, 고발하지 않으면 아니 된다고 할지도 쟁점이었다.

이러한 쟁점을 중심으로 일본과 미국 측 의견 조정이 계속됐다. 논의 결과는 1947년 1월 17일자, 1월 20일자, 1월 22일자 법안 등으로 정리됐다. 그 내용은 일자별로 약간 차이가 있지만, 제50조에서 "위원회는 이 법 또는 위원회의 명령에 위반하는 행위가 존재한다고 사료하는 때에는 검사총장에게 고발하지 않으면 아니 된다."라고 규정했다. 그리고 제51 조에서 "검사총장은 이 법 또는 위원회의 명령에 위반하는 행위가 있다 고 사료하는 때에는 위원회에 대해 그 취지를 통지하고 그 조사 및 보고 를 요구할 수 있다."라는 규정도 마련했다.

이렇게 정리된 법안에 대해 GHQ는 새로운 이견을 제시했다. 위원회 에 직접 기소권을 줄 것인지 아니면 고발한 경우에 기소를 강제하는 제 도, 즉 기소 강제를 도입해야 하는지에 대한 일본 측 의견을 요구했다. 일본은 검찰이 기소할지 여부를 판단하는 기소재량주의가 원칙이었기 때문에 이런 GHQ 요구는 새로운 문제로 등장했다.

이 쟁점에 대한 논의와 절충이 계속됐다. 결론적으로 검사총장이 기소 하지 않으면 그 사유를 지체 없이 법무대신을 경유하여 내각총리대신에 게 보고해야 하는 것으로 조정됐다. 그리고 법무대신이 임명하는 2명 이 상의 검찰관을 위원회에 배치하도록 했다. 이를 통해 법무대신은 위원회 의 행동에 대한 정보를 수집하고, 검찰관을 통해 의견을 진술하는 기회 를 얻도록 했다.

이러한 과정을 거쳐 1947년 2월 22일자로 독점규제법 수정 시안이 마 련됐다. 이 시안은 3월 6일자 2차, 3월 9일자 3차, 3월 11일자 4차, 3월 15일자 5차 시안까지 조정을 계속한 끝에 몇 가지 수정이 이뤄졌다.

주요 내용으로는 위원회에 검찰관은 물론 변호사 또는 변호사 자격이 있는 자를 배치할 수 있도록 했다. 검찰관이 관장하는 직무를 법위반 범 죄에 관한 것으로 한정한 반면, 변호사에 대해서는 이런 규정을 두지 않음으로써 검찰관보다 광범위한 직무를 수행할 수 있도록 했다. 검사총장이 기소하지 않는 경우에 문서 형식으로 내각총리대신에게 보고하도록 명문화했다. 위원회의 고발도 문서로 하고, 공소가 제기된 후에는 고발을 취소할 수 없다는 규정도 명시했다.

오늘날까지 핵심적인 내용에는 변함없이 명맥을 유지하고 있는 원시 독점금지법의 전속고발 규정은 다음과 같다.

제73조 ① 공정거래위원회는 이 법률의 규정에 위반하는 범죄가 있다고 사료할 때에는 검사총장에게 고발하지 않으면 아니 된다.

② 전항의 규정에 의한 고발에 관련된 사건에 대해 공소를 하지 않는 처분을 한 때에는 검사총장은 지체 없이 법무대신을 경유하여 그 취지와 이유를 문서로 내각총리대신에게 보고하지 않으면 아니 된다.

제74조 검사총장은 이 법률의 규정에 위반하는 범죄가 있다고 사료하는 때에는 공정거래위원회에 대하여 그 취지를 통지하고 조사 및 그 결과의 보고를 요구할 수 있다.

제96조 ① 제89조 및 제90조의 죄는 공정거래위원회의 고발을 기다려 이를 논한다.

② 전항의 고발은 문서를 통해 이를 행한다. ③ (생략)

④ 제1항의 고발은 공소의 제기가 있는 이후에는 이를 취소할 수 없다.

3. 전속고발 도입의 의의

일본의 공정거래법에서 처음 도입된 전속고발 규정은 미국과 일본 양측이 여러 쟁점과 이견을 오랫동안 협의하고 절충해서 만들어낸 결과였다. 그 내용의 핵심은 공정거래위원회와 검찰 간 상호 견제와 균형(제73조 1항과 제74조), 기소 강제와 기소재량주의의 조정과 절충(제73조 2항), 검찰의 불기소에 대해 문서를 통한 내각총리대신 보고제도(제73조 2항) 등을 통해 법집행이 원활하게 이뤄지도록 한 것이다.

전속고발제도는 독점규제법 위반에 대한 제재의 실효성을 높이는 측면에서도 큰 의의가 있다고 하겠다. 일본에서 행정절차로 법집행하는 경우 당시에는 실효성 있는 제재를 할 방법이 없었다. 왜냐하면 단순히 행위중지명령만 내리는 것은 제재효과를 기대하기 어렵기 때문이다. 오늘날에는 행정제재로 과징금을 부과하는 제도 등이 발달하여 실효성 있는 제재가 가능하다. 그러나 일본은 1977년에야 독점규제법을 개정하면서 과징금 부과제도를 처음 도입했기 때문에 법제정 당시에는 별다른 행정제재 수단이 없었다.

이에 반해 미국에서는 행정 또는 사법절차를 거쳐 위반행위자에게 행위중지 명령을 내리는 것이 실효성 있는 제재 수단이 될 수 있었다. 왜냐하면 행위중지 명령을 어겨서 손해를 발생시키면 그 손해액의 3배나 수십 배 또는 수백 배까지 손해배상을 물릴 수 있었다. 영미법 국가에서는 소위 3배 손해배상(Treble damages) 또는 징벌적 손해배상(Punitive damages) 제도가 발달했던 것이다.

그리고 미국의 경우 〈서먼법〉 위반행위의 경우 중죄로 간주하여 형벌을 규정했고, 법무성에서 형사·사법 절차로 집행했다. 그렇지만 〈클레이튼법〉이나 〈FTC법〉 위반에는 형벌 규정이 없었고, 법집행도 행정절차나 민사절차로 집행하는 형태였다.

이처럼 일본은 미국과 제도적 차이가 있었는데 독점규제법 위반행위에 대한 실효적인 제재를 위한 방안이 필요했던 것이다. 이를 위해 일본이 미국의 3배 손해배상제도를 수용하기는 어려웠을 것이다. 영미법과 달리 실제 손해액 배상을 기본으로 하는 일본의 원칙에 어긋났기 때문이다.

그래서 법 제정 당시 일본은 독점규제법 위반행위에 대해 광범위하게 형사 벌칙을 규정했다.[51] 이것이 과도한 형사 벌칙을 규정하는 것이라며 법조계를 비롯한 전문가들의 반대는 물론 경제계의 비판 혹은 저항을 초래했다.

이에 따라 독점규제법 위반에 대한 실효적인 제재를 가능하게 하면서도 일본의 경제·사법 현실에 맞도록 절충하고 타협하는 방안을 모색했다. 이것이 바로 전속고발 규정이었던 것이다. 독점규제법 위반행위에 폭넓게 형사 벌칙을 규정하면서도 공정거래위원회의 고발이 있어야 형사 절차가 진행될 수 있도록 제한했던 것이다.

일본에 이어 다른 국가들이 독점규제법을 제정하면서 한국만 유일하게 일본 방식을 모델로 했다. 그러나 일본에 이어 독점규제법을 제정한 독일은 형사 벌칙을 두지 않았다. 이미 앞에서 살펴본 것처럼 34개 OECD 회원국 중 21개 국가는 독점규제법에 형사 벌칙을 규정하지 않았고, 13개 국가는 일부 위반행위에 대해서만 형사 벌칙을 규정했다.

---

51) 다만, 일본은 불공정거래행위에 대해서는 원시 독점금지법에서부터 형벌을 규정하지 않았다. 미국 측은 주로 〈FTC법〉 위반행위에 형벌을 부과하는 것은 부적절하다는 입장이었다. 반면 일본 측은 모든 위반행위에 공통적으로 형벌규정이 필요하다는 입장이었다. 여러 차례의 논의를 거쳐 미국 측 의견이 받아들여져 불공정거래행위에서 형벌규정이 빠졌다. 이것은 위법성이 상대적으로 무거운 카르텔, 사적 독점과 같은 위반행위에는 형벌을 규정하면서 위법성이 가벼운 불공정거래행위에는 형벌 규정을 제외한 것으로 이해할 수 있다. 이에 대해서는 홍순강, "일본 독점금지법상 불공정한 거래방법과 형벌 규정의 고찰", 경쟁저널 제173호, 2014. 3, 한국공정경쟁연합회, 4~5쪽 참조.

일본이 법 집행기구로 공정거래위원회라는 위원회 조직을 설치한 과정을 살펴볼 필요가 있다. 왜냐하면 미국의 독점규제제도가 최초로 일본에 전파되며 새로운 집행기구가 설치되었기 때문이다. 특히 미국은 법무성과 연방거래위원회(FTC)라는 2중 집행기구를 운용했기 때문에 어느 방식이 적합할지 고민했을 것이다.

미국은 자국의 FTC나 증권거래위원회를 모델로 하는 위원회 조직을 독립기관으로 설치하려는 입장이었다.[52] 따라서 1946년 8월 카임 시안에서 공정관행위원회라는 3인 위원회(Triumvirate)를 창설하고, 이 위원회를 법 집행하는 행정기관으로 규정했다.[53]

그런데 당시 일본에는 위원회라는 명칭은 존재했지만 자문기관에 지나지 않았고, 독립적인 합의제 행정기관은 존재하지 않았다. 일본에서 미국과 같은 독립규제위원회의 역사는 GHQ에 의해 시작됐다.[54] 논의를 거듭했지만 집행기관 설치는 미국 측 의지를 무시할 수 없었기 때문에 일본도 위원회 형태의 집행기구를 설치하는 방안으로 의견이 모아졌다. 그래서 공정거래위원회라는 집행기구를 설치하는 규정이 만들어졌다.

4. 전속고발 운영과 형사 고발 현황

일본은 공정거래법을 제정하며 세계 최초로 전속고발제도를 규정했다. 법 제정 당시부터 전속고발제도를 규정한 것은 공정거래법 위반에 대해 형사 벌칙을 부과할 지에 대한 판단을 해당 법을 전문으로 집행하

---

52) 泉水文雄, 西村暢史, "原始獨占禁止法の制定過程と現行法への示唆 -公取委の組織, 司法制度, 損害賠償, 刑事制度-", 18쪽. 이 자료는 일본의 원시 독점금지법 제정 과정에 관한 방대한 자료(실체 규정은 다른 자료에서 정리)를 종합하여 정리한 306쪽 분량의 논문임. 다른 자료는 저자 순서가 반대로 된 西村暢史, 泉水文雄, "原始獨占禁止法の制定過程と現行法への示唆", 競爭政策硏究センタ共同硏究, 2006年 9月 논문이 있는데 실체 규정의 제정과정을 154쪽 분량으로 정리한 것임.

53) 泉水文雄, 西村暢史, 앞의 논문, 11쪽.

54) 黑野將大, "獨立行政委員會の中立性と獨立性「强い首相」下の權力分立-", 一橋ロ-レビュ-, 第4号, 2020年 6月, 37~38쪽.

는 공정거래위원회에 맡겼다는 것이다.[55]

일본 공정거래위원회는 1990년 형사고발 지침을 제정한 이후, 2005년, 2009년에 걸쳐 이를 개정하면서 다음과 같은 두 가지 고발 기준을 마련하여 계속 유지하고 있다.[56]

첫째, 일정한 거래분야에서의 경쟁을 실질적으로 제한하는 가격 카르텔, 공급량 제한 카르텔, 시장분할 협정, 입찰담합, 공동 보이콧, 사적독점 기타 위반행위에 해당하는 것으로서 국민생활에 광범위한 영향을 끼친다고 생각되는 악질적이고 중대한 사안이다.

둘째, 반복해서 위반행위를 하고 있는 사업자 또는 업계, 배제조치에 따르지 않는 사업자 등이 관련된 위반행위 중에서 공정거래위원회의 행정처분에 의해서는 공정거래법의 목적이 달성될 수 없다고 생각되는 사안이다.

또한 일본에서는 경제활동 과정에서 발생한 행위에 수사기관이 무분별하게 개입하는 것이 부적절하다고 본다. 공정거래법 위반사건에 대해 형사 고발이 이루어지는 경우 사업 활동을 지나치게 억제할 우려가 있어서 오히려 사업자가 창의를 발휘하거나 사업 활동을 촉진하는데 상해가 될 수 있다는 것이다. 이러한 공정거래법 위반사건의 특성, 전속고발제도 운영, 공정거래위원회의 고발 기준 등을 감안하다보니 일본에서는 공정거래법 위반에 대한 고발 건수가 적을 수밖에 없다.

고발 건수는 1947년 법제정 이후 1990년 형사고발 지침이 제정될 때

---

55) 鈴木孝之, "獨占禁止法における刑事罰制度の機能", 白鷗大學法科大學紀要 第4号, 2010年 10月, 48~49쪽.
56) 홍순강, "일본 독점금지법과 형사 고발 ; 경쟁당국의 전속고발권을 중심으로", 경쟁저널 제193호, 2017.11, 5쪽.

까지 40여 년 간을 통틀어 5건에 불과했다. 1974년 석유가격 카르텔에 대한 1건이 있었고, 카르텔 이외의 위반행위로 1948년 3건과 1970년 1건이 전부였다.[57]

그리고 미·일구조협의(SII; Structural Impediments Initiative)라는 쌍무협상이 1989년부터 1990년까지 총 5차례 개최되었다. 미국이 자국의 무역적자를 해소하기 위하여 일본에게 시장 개방의 구조적인 장애물을 제거해달라고 요구했다. 그러면서 미국은 일본의 공정거래법 집행을 강화하도록 요구했고, 일본은 과징금 부과기준 상향, 고발지침 제정 등을 추진했다.

이러한 SII 이후에 적극적으로 고발했다고 하지만 1991년부터 2018년까지 28년 동안 총 17건을 고발하여 한 해 평균 0.6건 정도를 고발하는데 그쳤다. '담합 천국'이라는 오명에도 불구하고 공공분야 담합에 대해 극히 일부를 고발하는 것이 전부였다. 민간분야 담합에 대한 최초 고발 사례는 2018년 3월 23일 나왔다. 민간발주 건설공사 입찰에서 담합한 4개 법인과 2명 임원을 고발했다.[58]

한편, 일본의 학설과 판례는 전속고발제도를 운용하는 공정거래위원

---

57) 홍순강, 앞의 논문, 7쪽.
58) 리니아쮸오신간센(リニア中央新幹線) 건설공사 입찰담합사건이다. 이 사건에서 오바야시(大林組), 시미즈(淸水), 타이세이(大成), 카지마(鹿島) 등 4개 대형 건설사는 도쿄 시내 음식점에 모여서 JR토카이(JR東海) 측이 제시한 견적금액을 사전에 조정하고 수주 예정자를 결정하는 내용으로 담합했다. 이에 대해 일본 공정위는 2018년 3월 23일 4개 법인과 2명의 임원을 도쿄지검특수부에 고발했는데, 각 언론은 민간발주 공사의 입찰에서 담합한 수주업자들을 처음으로 독점규제법 위반으로 고발했다고 크게 보도했다. 한편, 고발한 이유에 대해 공정위 마부치 히로시(眞渕博) 특별심사장은 "공사 규모가 크고, 피고발회사들이 과거에도 법위반으로 형사벌이나 행정처분을 받은 적이 있으며, 공사가 재정투융자 사업이어서 고도로 공공적인 재화·서비스이므로 국민생활에 광범위한 영향을 미치는 악질적이고 중대한 사안이었다."고 언론설명회에서 밝혔다.

회의 판단이 재량권 대상이라고 보고 있다. 법원은 판례에서 "독점금지법에 위반한다고 생각되는 행위가 있는 경우에 이를 조사하여 당해 위반행위가 국민 경제에 미치는 영향과 기타의 사정을 감안하여 이를 불문으로 할 것인지 혹은 이에 대해 행정적 조치를 집행할지 아니면 형사 처벌을 위하여 이를 고발할지에 대한 결정을 하는 재량권"이 공정거래법 운용기관인 공정거래위원회에 있다고 판단하고 있다.[59]

일본 검찰은 전속고발제도의 취지를 고려하고 있다는 점을 밝히고 있다. 2005년 공정거래법 개정에 대한 국회 심의에서 법무성 형사국장은 담합을 자진 신고한 경우에 형사 소추를 면제하는지와 관련하여 답변하며 "공정거래위원회에 대해서는 전속고발제도가 인정되고 있는 취지에 입각하면 공정거래위원회가 형사 고발을 하지 않았다는 사실을 검찰관은 십분 고려하고 있는 것"이라고 답변했다.[60]

일본의 경우 공정거래위원회가 경제 분야 전문기관으로서 고발 기준에 따라 고발 여부를 판단하고, 전속고발제도의 취지에 따라 고발하거나 고발하지 않는다. 그리고 학설과 판례는 이러한 공정거래위원회의 판단을 재량권 대상이라고 존중하는 입장이다. 검찰은 전속고발제도의 취지를 인정하고 이에 입각하여 사건을 처리하고 있다. 일본의 전속고발제도는 법 제정부터 현재에 이르기까지 이렇게 운영되어 왔다.

59) ラップカルテル刑事事件, 東京高判 平成5・5・21, 判例時報 1474号 31頁. (日本經濟法學會, 『獨占禁止法 改正』, 日本經濟法學會 年報 第26号(通卷 48号), 有斐閣, 2005.9, 40쪽에서 재인용.), 홍순강, 앞의 논문, 4쪽.
60) 公取委, "塩ビ管のカルテル疑惑 刑事告發を斷念; 化學業界の話題", 2008.5.8., 4~5쪽. (http://knak.cocolog-nifty.com/blog/2008/05/post_d227.html 검색)

2장. 한국의 공정거래법 제정과 전속고발 도입[61]

1. 공정거래법 제정 시도

한국은 1962년부터 경제 개발 5개년 계획을 추진하면서 경제가 본격적으로 발전하기 시작했다. 정부는 농업보다 공업, 내수산업보다 수출산업, 중소기업보다 대기업 중심의 경제정책을 추진했다. 후발국가로서 불가피한 선택이었다. 이러한 개발 전략이 적중하여 외형적으로 큰 성과를 가져왔다. 1962년부터 1980년까지 경제성장률이 연평균 8.5%를 기록했고, 국민총생산은 약 4배로 증가했으며, 수출은 약 4천만 달러 수준에서 약 210억 달러 규모로 대략 518배나 늘었다. 산업구조는 농업중심에서 경공업 중심으로, 다시 중화학공업 중심으로 고도화됐다.[62]

그런데 양적 성장의 이면에 여러 부작용이 발생했다. 산업부문간 불균형이 확대됐고, 구조적인 인플레이션이 만연했다. 또한 시장기능의 왜곡과 독과점적 시장의 고착은 물론 경제력집중의 심화 등과 같은 문제가 누적됐다. 이를 개선하기 위해 공정거래법을 제정하려는 시도가 있었다. 대략 1975년 이전의 입법화 시도와 1976년 이후의 물가안정법 시행으로 크게 나누어볼 수 있다.[63]

---

61) 이 부분의 내용은 지철호, 『독점규제의 역사』, 152~158쪽, 164~169쪽 내용을 요약 정리하거나 전재한 것임.

62) 공정거래위원회, 한국개발연구원, 『공정거래10년 -경쟁정책의 운용성과와 과제-』, 1991.4, 18쪽.

63) 경제기획원, 『공정거래백서 -새로운 경제질서를 향하여-』, 경제기획원, 1984.6, 4~5쪽.

우선 1975년 이전에 공정거래법 제정을 위한 여러 번의 시도가 있었다. 1963년 소위 '3분(粉) 폭리사건'[64]을 계기로 〈공정거래법 초안〉이 만들어졌다. 1964년 9월 초안이 발표됐지만, 정부 안팎에서 입법 반대론이 우세하여 국회 제출 이전에 거쳐야하는 국무회의에도 상정되지 못했다. 그러나 이 초안은 공정거래법 제정을 위한 최초의 시도라는 의의가 있다.

그리고 1966년 경제개발 추진으로 인한 인플레이션으로 물가가 급등하자 이에 대한 대책으로 〈공정거래법안〉이 마련됐다. 이 법안은 전문 44조로 작성돼 1966년 7월 국회에 제출까지는 됐다. 그러나 경제계의 강력한 반대 속에서 6대 국회의 회기 만료로 자동 폐기됐다. 정부는 거의 동일한 내용의 법안을 1967년 다시 국회에 제출했지만 별다른 진전이 없었다.

이어서 1969년 4월 전문 29조의 〈독점규제법안〉이 만들어졌다. 신진자동차공업(주)의 코로나승용차를 둘러싸고 차관업체가 폭리를 취한 것을 계기로 마련된 법안이었다. 이 법안 역시 시기상조라는 산업계의 적극적인 반대에 밀려 2년을 끌다가 1971년 6월 7대 국회의 회기 만료로 자동 폐기됐다.

폐기 몇 달 후에 세계경제의 불안과 유가 인상 등으로 경제의 안정기조가 흔들리자 대응방안으로 전문 30조의 〈공정거래법안〉이 또다시 마련됐다. 직전에 폐기된 〈독점규제법안〉을 보완하면서 그동안 논의된 내용을 적절히 절충한 법안이었다. 이 법안은 1971년 10월 국회에 제

---

64) 시멘트, 밀가루, 설탕과 같은 3가지 가루를 생산하는 몇몇 대기업들이 과점시장을 형성하고 담합을 통해 공동으로 가격과 시장을 조작하여 폭리를 얻어 독과점의 폐해가 노출된 사건이었다.

출됐지만 1972년 10월 17일 유신체제가 선포되어 국회가 해산되면서 좌절됐다.

이처럼 공정거래법 제정은 경제계의 강력한 반대와 국회나 정부의 소극적인 자세[65] 등으로 인하여 10여 년 간 결실을 보지 못했다. 그러다 1973년 10월 중동전의 발발로 제1차 석유파동이 일어나고 물가 불안 등이 초래되면서 새로운 입법이 추진됐다. 물가인상 억제를 탄력적으로 운용하면서 경쟁제한행위나 불공정거래행위를 구체적으로 규정했다. 그래서 1975년 전문 32조의 〈물가안정 및 공정거래에 관한 법률('물가안정법'으로 약칭함)〉이 제정되어 1976년 3월 15일부터 시행됐다.

물가안정법은 주요 상품의 최고가격 지정, 수급조정조치, 독과점가격의 통제 등과 같은 물가안정에 역점을 두었다. 그리고 독과점 폐해, 경쟁제한행위, 불공정거래행위 등을 규제하는 내용으로 공정거래에 관한 규정도 담고 있었다. 그래서 이 법은 한국의 공정거래제도 역사에서 작지 않은 의의가 있다.

그러나 이 법은 공정거래에 관한 규정이 미흡하고, 그 목적이 물가안정을 위한 수단이라는 성격이 강하였으므로 진정한 의미의 공정거래법으로 볼 수는 없었다.[66] 공정거래법 제정까지 넘어야 할 큰 산이 있었다.

---

65) 당시 정부는 비록 입법 노력을 했지만, 그동안의 경제개발 정책이 성과를 냈고, 이러한 경제성장을 견인하는 것이 대기업이라고 평가하고 있었으며, 공정거래법이 아니더라도 행정지도를 통해 대부분의 경제활동에 관여할 수 있었기 때문에 경제계의 강력한 반대에도 불구하고 무리하게 입법을 추진할 의지는 크지 않았던 것이다. 국회도 마찬가지였다.

66) 경제기획원, 『공정거래백서』, 6쪽.

2. 국가보위입법회의에서 제정된 공정거래법

수차례의 공정거래법 제정 시도가 무산되었지만 10여 년의 세월이
흐르면서 법제정의 분위기가 많이 무르익었고, 법안의 내용도 많이 수
정·보완됐다. 법제정을 비판하거나 반대하는 측의 입장이 충분히 알려
졌고, 일부 내용이 법안에 반영되기도 했다.

경제성장이 계속되면서 독과점은 계속 진행됐고,[67] 그 폐해는 더욱 심
해졌다. 정부는 매년 물가불안에 시달렸고 개별 상품을 대상으로 인위적
인 가격 통제를 통해 대처했지만 단기적인 효과에 그쳤다. 1970년대에
두 차례 있었던 석유위기[68]와 같은 국제원자재가격의 급등을 비롯한 대
외여건의 악화도 가세했다. 새로운 경제 질서를 모색하지 않으면 안 되
는 상황이었다.

이 와중에 1979년 10월 이른바 「10·26사태」가 터졌다. 장기 집권하던
박정희 대통령 시대가 막을 내리면서 정치·사회적 불안이 가중됐다. 이
어서 「12·12 사태」를 거쳐 1980년 제5공화국이 출범했다. 혼란의 시대
가 지나고 정치·사회가 안정을 되찾으면서 경제운용방식의 전환이 모색
됐다. 또한 제5공화국 수립을 위한 헌법 개정에서는 독과점의 폐단을 규

---

67) 예컨대 1979년 2,321개 개별상품의 시장집중도를 살펴보면 상위 3사의 시장점유율이
   50% 이상을 차지하는 독과점 품목이 2,071개로 89%를 차지했고, 50% 이하를 차지하는
   경쟁형 품목은 250개로 11%에 불과했다. 경제기획원,『개발연대의 경제정책 -경제기획
   원 20년사』, 경제기획원, 1982, 229쪽. 참조.
68) 석유 위기(Oil Shock 또는 Oil Crisis)는 제1차가 1973년 10월~1974년 4월에 제4차 중
   동전쟁의 발발로 중동 산유국들이 원유 수출을 금지하면서 발생했다. 제2차는 1979년
   ~1980년에 이란 혁명에 따른 원유수출 금지와 석유업자들의 매점매석과 투기 등으로
   비롯됐다. 두 차례의 석유 위기는 세계경제는 물론 한국 경제에도 엄청난 경기 침체와
   물가 상승 등과 같은 악영향을 미쳤다.

제·조정하는 조항의 신설이 추진됐다.

정부는 시장경제원리에 바탕을 둔 공정거래제도를 도입하는 것이 불가피하다는 결론을 내리고 있었다. 법제정 작업은 오래전부터 준비했던 경제기획원이 맡았다. 경제기획원은 1980년 8월부터 1개월 이상 작업상황을 국가보위비상대책위원회 경제과학분과위원회에 보고했다. 공정거래법 제정은 정의로운 사회를 경제적인 측면에서 구현하는 첩경이며, 한국의 경제여건도 진정한 의미의 공정거래제도를 시행할 시기라고 설명했다.[69]

참고 **국가보위비상대책위원회와 국가보위입법회의 설치**

국가보위비상대책위원회('국보위'로 약칭됨)는 1979년 말 「12·12 사태」를 일으킨 신군부 세력이 내각을 장악하기 위해 1980년 5월 31일 설치한 임시 행정기구였다. 행정부 각료 10명과 군부 요직자 14명 등 모두 24명으로 구성했고, 국보위의 위임사항을 심의·조정하기 위해 상임위원회를 설치했다. 국보위 상임위원회는 전두환을 위원장으로 하고 30명의 상임위원으로 구성됐다.

전두환이 1980년 8월 27일 통일주체국민회의에서 제11대 대통령으로 선출되고, 10월 27일 국가보위입법회의법이 통과됐다. 이 법에 따라 국보위는 입법권을 가진 국가보위입법회의로 개편됐다.

국가보위입법회의는 국보위 10, 정치인 20, 경제계 3, 문화·사회 9, 학계 13, 법조계 8, 종교계 8, 여성계 4, 언론계 3, 기타 3 등 총 81명의 주요 인사를 입법의원으로 하여 구성됐다. 이 입법회의는 신군부의 제5공화국 출범에 필요한 입법기반을 마련했는데, 여기서 공정거래법을 제정했다. 1981년 4월 10일까지 존속했고, 제11대 국회가 개원하며 해산됐다.

이어서 1980년 9월 19일 부총리가 공정거래법을 제정한다는 방침을 공식 발표했다. 이후 경제계, 학계, 언론계, 소비자단체 등의 의견을 수렴하면서 입법시안을 마련했다. 11월 5일에는 법제정에 관한 공청회가

---

69)   경제기획원, 『공정거래백서』, 55~56쪽.

대대적으로 개최됐다. 이런 과정을 거쳐 작성된 법제정안은 12월 9일 국무회의 의결을 거쳐 12월 11일 국가보위입법회의 경제제1분과위원회에 회부됐다.

공정거래법 제정안은 국가보위입법회의 논의에서 일부 수정되어 1980년 12월 23일 의결됐다. 이어서 12월 31일 법률 제3320호로 공포됐는데, 전문 60조 부칙 8조를 가진 〈독점규제 및 공정거래에 관한 법률(통상 '공정거래법'이라 함)〉 제정이 마무리됐다. 시행령 작업이 이어졌고, 시행령안은 1981년 3월 30일 국무회의 의결을 거쳐 4월 1일 공포됨으로써 공정거래법이 시행됐다.

3. 공정위 설치와 전속고발 도입

공정거래법 제정의 직접적인 계기는 이미 설명한 것처럼 1963년 시멘트, 밀가루, 설탕을 생산하는 대기업들이 카르텔 가격과 시장 조작으로 폭리를 취한 소위 '3분(粉; 3개 가루) 사건'에서 시작되었다. 이 사건을 계기로 정부는 1964년 3월 서울대학교 상과대학 부설 한국경제연구소에 공정거래제도에 관한 연구를 위촉했다. 이 연구소에서 그해 8월 공정거래법 시안을 마련했고, 경제기획원은 이 연구를 기초로 9월에 전문 29조로 된 공정거래법 초안을 작성했다. 당시 초안은 이후에 작성한 여러 공정거래법 제정안의 기초가 되었다.

이어서 1966년 전문 44조의 〈공정거래법안〉, 1969년 4월 전문 29조의 〈독점규제법안〉, 1971년 10월 전문 30조의 〈공정거래법안〉 등은 모두 공정거래법 집행을 경제기획원장관 소속하에 공정위를 설치하여 전담하도록 하는 것이었다.[70] 공정위가 행정절차를 통해 위반행위를 조사하고 심사하여 제재하는 형식이었는데, 이러한 위원회 형태의 조직은 미국의 FTC나 일본의 공정거래위원회와 유사한 조직이었다.

모든 공정거래법안은 위반행위에 대해서 형사 벌칙을 규정했다. 시장지배적 지위남용, 기업결합 제한이나 탈법행위, 카르텔 등록 또는 신고를 하지 않고 행하는 행위, 불공정거래행위 등에 대해 빠짐없이 징역 또는 벌금을 벌칙으로 규정했다.

공정거래법 위반에 대한 벌칙은 경제기획원장관의 고발이 있어야 논할 수 있도록 규정했다.[71] 소위 전속고발 조항을 규정했는데 이 조항은 1966년에 마련된 공정거래법안에 포함되어 있었다.[72] 이어서 1967년, 1971년 공정거래법안과 1969년 독점규제법안에서도 모두 전속고발 규정을 두었다.

공정거래법의 전속고발은 일본 독점규제법의 조항을 모델로 하여 도입한 것이다. 그런데 앞에서 살펴본 바와 같이 일본의 전속고발 규정은 공정거래위원회와 검찰의 견제와 균형 등을 고려하였기 때문에 여러 조문으로 복잡하게 규정돼 있었다. 당시 한국은 일본의 제도 도입 경위나

---

70) 경제기획원,『개발연대의 경제정책』7~8쪽.
71) 공정거래법 제정 시에 공정위가 경제기획원 소속이어서 고발 주체를 경제기획원장관으로 규정한 것이다.
72) 1964년 서울대학교 상과대학 부설 한국경제연구소가 정부 의뢰를 받아 연구한 보고서에 전속고발 규정이 존재했는지 여부에 대해서는 확인하지 못했다. 그런데 이 연구를 토대로 정부가 1964년 공정거래법 초안을 만들었고, 이어서 1966년 공정거래법안도 만들었다. 그리고 1966년 법안에 전속고발 규정이 존재했다는 사실을 감안하면 1964년 연구 용역과 공정거래법 초안에서부터 전속고발 규정이 존재했을 것이라고 추정할 수 있다.

배경에 대해 충분히 이해하지 못한 상황이었을 것이므로[73] 한국의 법안을 마련하면서 일본 전속고발 규정의 핵심 내용만 조문화했을 것이라고 추측된다.

한편, 공정거래법 제정이 국회라는 입법기관을 통해 이루어지지 않고 비정상적으로 구성된 국가보위입법회의를 통해 이루어졌으므로 졸속으로 진행되었고, 전속고발 규정도 마찬가지로 갑작스럽게 도입되었을 것이라고 추측하기도 한다. 일부 법률 전문가들이 가끔 이러한 주장을 하는 경우가 있다. 그러나 전속고발 조항은 1960년대 공정거래법 초안을 작성할 때부터 법 제정안을 마련하는데 빠짐없이 계속 포함되었던 규정이었다. 그러므로 이 조항이 졸속으로 포함되었다는 주장은 공정거래법 제정과정을 잘 모르거나 의도적으로 무시한 것이라고 하겠다.

전속고발 규정은 공정거래법이 경제활동을 대상으로 경제정책의 일환으로 집행되어야 한다는 점을 고려한 규정이었다. 특히 경제활동에 대한 법적용에서 경제부처의 전문적인 판단을 우선해야 한다는 점을 고려했다. 그리고 미국, 독일 등 다른 국가들의 법과 집행 사례는 물론 일본의 독점규제법에서 전속고발 규정이 명시된 것을 참고한 결과였다.

---

73) 일본이 최초의 독점규제법을 제정한 자세한 역사, 과정, 내용 등에 관한 방대하고 체계적인 연구는 泉水文雄, 西村暢史의 전게논문이었다. 이 연구는 한국이 공정거래법을 제정하고 오랜 기간이 지난 후에 완성됐다. 따라서 한국이 1960년대에 공정거래법 제정을 위해 연구했을 당시에는 일본 전속고발 조항의 도입 경위나 배경, 주요 내용 등을 구체적으로 이해하기 어려웠을 것이다.

4. 전속고발 운영과 형사 고발 현황

공정위는 공정거래법을 운용하며 위반행위의 내용을 판단하여 형사
벌칙의 부과가 필요하다고 인정되는 경우 검찰에 고발하고 있다. 그런데
일본과 다르게 학설과 판례에서 공정위의 판단을 재량권 대상이라고 존
중하는 입장이 확립되지 않았고[74], 검찰도 전속고발제도의 취지에 입각
하여 사건을 처리하고 있지도 않았다. 오히려 고발이 미흡하다거나 나아
가 전속고발 규정을 폐지하자는 의견이 제기되는 상황이었다.

대표적으로 1988년 대형 백화점들이 할인특매행사를 하면서 할인율
을 사실과 다르게 광고하여 소비자를 기만한 사건이 발생했다.[75] 이에
대해 검찰이 공정위에게 공정거래법 위반으로 고발을 요청했지만 공정
위가 이를 거부했다. 검찰은 이 사건을 형법상 사기 혐의로 기소할 수밖
에 없었고, 대법원에서 유죄판결이 확정됐다.[76] 이 사건을 계기로 공정
위의 제재가 미흡하다거나 전속고발에 대한 비판이 본격적으로 제기되
기 시작했다.

이러한 비판이 계속되자 공정위는 개선방안을 마련했다. 1996년 12월
30일 공정거래법을 개정하여 공정위의 고발 의무제와 함께 검찰총장의

---

74) 헌법재판소 전원재판부는 공정위가 전속고발제도에 따라 고발 여부를 결정할 재량권을
  갖지만 무제한의 자유재량이 아니라 위법성이 명백하고 중대한 위반행위에 대해서는
  고발할 의무가 있다고 심판한 사례가 있다. (1995.7.21. 선고 94헌마136 전원재판부)
75) 당시 '할인특별판매행위에 대한 불공정거래행위 유형 및 기준 지정 고시'를 제정하여 대
  형 백화점들의 할인특매(세일행사) 일수, 빈도, 방법 등을 규제했는데 1981년부터 1989
  년까지 197건을 시정했으나 검찰에 고발하지는 않았다. 공정거래위원회·한국개발연구
  원, 『공정거래 10년 -경쟁정책의 운용성과와 과제-』, 1991.4, 166, 263~264, 551쪽.
76) 이호영, 『독점규제법의 이론과 실무』, 서울, 홍문사, 2006, 485~488쪽.

고발 요청제를 도입했다. 법 위반 정도가 객관적으로 명백하고 중대한 경우에 공정위가 의무적으로 고발하고, 검찰총장이 고발을 요청할 수 있도록 규정했다. 이에 따라 공정위의 고발 독점은 사실상 무너지게 됐다.

그리고 법위반행위에 대해 적극 고발하기 위한 구체적인 기준이 1997년 6월 17일 '독점규제및공정거래에관한법률 위반행위의 고발에 관한 공정거래위원회의 지침'(고발지침, 1998년 5월 1일 시행)으로 제정됐다. 고발지침에서 법위반의 정도가 객관적으로 명백하고 중대한 위반행위에 대한 고발대상 유형을 규정했다. 이 지침은 계속 개정되면서 고발 기준을 구체화·객관화 하였는데, 이에 따라 고발 건수가 증가하는 추세를 보였다.

예컨대, 2007년 1월 15일 개정된 고발지침은 위반행위의 유형과 정도를 각각 상·중·하의 3단계로 구분하여 고발 점수를 산정했다. 그리고 고발 점수가 일정 점수 이상이면 고발하도록 규정했다. 이처럼 고발지침은 공정위의 재량 범위를 축소하는 기준으로 작용했다.

아울러 2013년 7월 16일 공정거래법 개정에서는 고발을 요청할 수 있는 기관을 감사원장, 조달청장, 중소기업청장으로 더욱 확대했다. 이들 기관에서 고발을 요청하는 경우 공정위가 반드시 고발하도록 규정함으로써 공정위의 전속고발은 사실상 폐지되기에 이르렀다.

이처럼 법이나 지침 개정 등이 반복되며 고발 건수는 매년 급격히 증가했다. 전속고발을 도입하고 있는 일본과 한국의 고발 건수를 비교하면 한국의 고발 건수가 압도적으로 많다. 일본의 고발 건수는 1947년 법 제정부터 2019년까지 총 22건이다. 이에 비해 한국은 1981년부터 2019년까지 총 1,047건을 고발했다. 특히, 지난 10여 년간 고발 건수는 급격히 증가했다.

한국과 일본의 경제규모, 사업자 수 등을 감안하면 한국의 고발이 매우 많다는 것을 알 수 있다. 공정거래법 집행을 형사 처벌 중심으로 하는 것이 효과적인지, 그리고 바람직한 방향인지 등에 대해서 연구하고 분석하는 것이 필요하다고 생각한다.

표7 | 한국과 일본의 형사 고발 현황

(단위: 건)

	1947~1980	1981	1982	1983	1984	1985	1986	1987	1988	1989
한국	1980년 법제정	1	1	1	0	2	2	4	5	2
일본	5	0	0	0	0	0	0	0	0	0

	1990	1991	1992	1993	1994	1995	1996	1997	1998	1999	2000
한국	5	10	8	7	13	33	16	35	37	11	22
일본	0	1	1	0	1	0	1	0	1	1	0

	2001	2002	2003	2004	2005	2006	2007	2008	2009	2010	2011
한국	23	11	18	22	12	47	48	33	43	19	38
일본	0	0	1	0	2	2	1	1	0	0	0

	2012	2013	2014	2015	2016	2017	2018	2019	합 계
한국	44	63	65	56	57	67	84	82	1,047
일본	1	1	0	1	0	1	0	0	22

〈참고〉 고발 요청제에 따라 다른 기관에서 요청한 고발 건수는 포함되지 않은 것임
〈출처〉 한국 : 매년도 공정거래 통계연보(www.ftc.go.kr)
　　　　일본 : 公正取引委員會 年次報告(www.jftc.go.jp)

제6부

전속고발 수난의 역사

1장. 전속고발 폐지론의 등장과 사실상 폐지

1. 법조계의 전속고발 폐지 주장

법조계는 전속고발 규정을 계속 폐지해야 한다는 입장이다. 언제부터 이런 주장이 시작됐는지 알 수 없지만 법조계가 염원하는 것이라는 점을 감안하면 공정거래법 제정부터 시작됐다고 보아야 할 것이다. 그렇지만 한국의 공정거래법은 최초 제정 시 카르텔에 대해서 등록제를 시행할 정도로 형사 제재보다는 행정 절차를 통한 개선에 역점을 두었다. 그러다 보니 제정 당시엔 법조계에서도 그다지 강력하게 전속고발 폐지를 주장하지는 못했던 것 같다.

그런데 법 위반행위에 대한 행정 제재가 점차 강력해지고 이에 따라 기업을 비롯하여 정치권, 언론계, 시민단체는 물론 법조계에서도 법 집행에 대한 관심이 증가했다. 그리고 법 집행을 공정위가 독점하는 것에 대한 비판이 점점 늘었고, 더 나아가 전속고발을 폐지하자는 주장이 등장하게 되었다. 이런 주장을 가장 먼저 그리고 적극적으로 주장한 것은 법무부와 검찰이었다.

공정거래법을 개정할 때마다 법무부는 전속고발 규정을 폐지하라는 의견을 제시했다. 공정위가 개정안을 마련하여 다른 행정부처의 의견을 듣는 과정에서 법무부가 유독 많은 관심을 둔 것이 바로 전속고발 규정이었다. 이런 법무부의 주장은 입법부에도 전달돼 국회의 입법과정에서도 논란이 벌어지기 일쑤였다. 법조계 출신 의원의 비율이 다른 어느 나라보다 높다 보니[77] 일부 국회의원들이 법무부 입장을 적극 지지하기도 했다.

그리고 변호사를 대표로 하는 법조인과 이들이 참여하여 활동하는 시민단체에서 폐지 의견을 내기도 했다. 학회나 세미나 발표, 국회 토론회, 언론 인터뷰 등과 같은 다양한 기회를 이용하여 기탄없이 의견을 표출했다. 기관이나 단체 의견인지 개인 의견인지 구분이 어려웠고,[78] 폐지 이유나 배경을 구체적으로 설명하는 경우는 아주 드물었다.

그러나 전속고발 규정이 필요하다는 입장도 강력했다. 경제계를 비롯한 산업 관련 부처를 중심으로 전속고발 폐지에 반대했다. 법 개정의 주무부처인 공정위가 반대하고 다른 경제부처에서도 반대하여 전속고발 규정은 폐지되지 않았다.

한편, 학계의 전문가들은 대부분 전속고발을 유지하자는 입장이었고, 일부 시민단체나 언론은 각각의 입장에서 유지 또는 폐지 의견을 제시하기도 했다. 전속고발 규정은 많은 논란의 대상이었지만 폐지되지 않고 계속 유지될 수 있었다. 그렇지만 폐지 주장이 거세지면서 전속고발 규

---

77) "한국은 검사 출신 법조인들의 국회의원 진출이 어느 나라보다 많다. 18대 국회의원 중에서 법조인 출신은 모두 59명이고 이 중 검사 출신이 22명으로 가장 많다. 판사 출신은 17명, 검사, 판사 경력 없는 변호사 출신은 19명, 법무사 출신이 1명이다."김희수·서보학·오창익·하태훈,『검찰공화국, 대한민국』, 153~154쪽.

78) 한국과 일본에서 법 전문가들이 전속고발제 폐지에 대해 의견을 표출하는 방법은 아주 대조적이다. 한국에서는 이론적·실무적으로 정제되지 않은 의견을 개별적으로 시간과 공간에 구애받지 않고 세미나, 인터뷰, 토론회 등에서 제시한다. 반면 일본에서는 대개 일본변호사협회가 법 개정을 하는 경우 각 항목별로 개정방향에 대해 정리한 의견서를 제출한다. 전속고발제도의 경우 이를 폐지하여 악질적이고 중대한 위반행위에 대해 공정위와 수사기관이 상호 협력하여 대처하도록 하는 것이 바람직하다는 의견을 제시하는 형태이다. 日本辯護士協會, "獨占禁止法研究會報告書に對する意見書", 2003.11.21, 9面.

정은 점점 훼손되어 갔다. 공정위는 폐지 대신 훼손을 마지못해 수용하는 입장을 선택했던 것이다.

2. 검찰총장의 고발요청제 도입

법조계, 정치권, 언론 등을 중심으로 전속고발을 폐지하라는 요구가 거세지고, 특히 공정위가 지나치게 소극적으로 고발한다는 비판이 계속 제기되면서 대안이 모색되었다. 이에 따라 1996년 12월 30일 공정거래법이 개정되면서 고발 의무제와 고발 요청제가 도입되었다.

새로 도입된 고발 의무제는 공정거래법 위반의 정도가 객관적으로 명백하고 중대하여 경쟁질서를 현저히 저해하는 경우에 공정위가 의무적으로 고발하도록 하는 제도이다. 또한 검찰총장이 고발을 요청하면 공정위가 고발하도록 하는 고발 요청제가 도입돼 공정위의 고발 독점을 처음으로 개선하였다.

고발 요청제가 활성화되기 위해서는 검찰이 적극적으로 고발을 요청해야 한다. 그러나 현실적으로 검찰은 스스로 딤딩한 사건을 치리히기도 바쁜 상황에서 공정거래법 위반행위에 대해 고발을 요청하는 것을 기대하기는 어려웠다고 하겠다.

이 고발 의무제와 요청제는 일본이 1947년 공정거래법 제정 과정에서 세계 최초로 전속고발 규정을 도입하면서 규정한 내용과 유사하다. 당시 일본은 공정거래법 제73조 제1항에서 "공정거래위원회는 이 법률의 규정에 위반하는 범죄가 있다고 사료할 때에는 검사총장에게 고발하지 않으면 아니 된다."라고 규정했다. 그리고 이어서 제74조에서 "검사총장은

〈 공정거래법에 최초로 도입된 고발 의무제 및 요청제 관련 규정 〉

제71조(고발) ① 제66조(罰則) 및 제67조(罰則)의 죄는 공정거래위원회의 고발이 있어야 공소를 제기할 수 있다.

② 공정거래위원회는 제66조 및 제67조의 죄 중 그 위반의 정도가 객관적으로 명백하고 중대하여 경쟁질서를 현저히 저해한다고 인정하는 경우에는 검찰총장에게 고발하여야 한다.

③ 검찰총장은 제2항의 규정에 의한 고발요건에 해당하는 사실이 있음을 공정거래위원회에 통보하여 고발을 요청할 수 있다.

④ 공정거래위원회는 공소가 제기된 후에는 고발을 취소하지 못한다.

이 법률의 규정에 위반하는 범죄가 있다고 사료하는 때에는 공정거래위원회에 대하여 그 취지를 통지하고 조사 및 그 결과의 보고를 요구할 수 있다."라고 규정했다.

일본은 공정거래법 위반에 대해 전속고발을 규정하여 공정거래위원회의 전문적인 판단을 인정하면서도 공정거래위원회에게는 검찰에 대한 고발 의무를 규정하고, 동시에 검찰에게는 공정거래위원회에 대한 조사 및 보고 요구를 규정하였다. 이러한 규정은 공정거래위원회와 검찰이 상호 견제와 균형을 통해 공정거래법 위반 사건을 적절히 처리해나갈 수 있는 제도적인 장치를 마련한 것으로 이해할 수 있다.

한국도 1996년 공정거래법을 개정하면서 고발 의무제와 요청제를 도입한 것은 공정위의 고발 독점이 사실상 무너지기 시작했다는 점에서 큰 의미가 있다. 고발 의무제는 공정위가 적극적으로 고발하면서 제도의 실효성을 갖추어나갔다. 반면에 고발 요청제는 검찰총장의 고발 요청이 거의 없는 상태로 운영되었다.

3. 다른 기관으로 확대된 고발요청제

검찰총장에게 고발 요청권을 부여하였지만 실제 검찰총장의 고발 요청이 거의 이루어지지 않았다. 이에 따라 새로운 개선방안을 모색했는데 고발을 요청할 수 있는 기관을 확대하는 것이었다.

2013년 7월 16일 공정거래법이 개정되면서 공정위가 고발 요건에 해당하지 않는다고 결정하더라도 감사원장, 조달청장, 중소기업청장이 사회적 파급 효과, 국가재정에 끼친 피해 정도, 중소기업에 미친 영향 등 다른 사정을 이유로 공정위에 고발을 요청할 수 있도록 하였다. 그리고 검찰총장을 포함하여 고발 요청권을 가진 해당 부처가 공정위에 고발을

〈공정거래법상 고발 요청 기관의 확대 관련 규정〉

제71조(고발) ①, ②, ③ 〈생략 ; 종전과 동일〉

　④ 공정거래위원회가 제2항에 따른 고발요건에 해당하지 아니한다고 결정하더라도 감사원장, 조달청장, 중소기업청장은 사회적 파급효과, 국가재정에 끼친 영향, 중소기업에 미친 피해 정도 등 다른 사정을 이유로 공정거래위원회에 고발을 요청할 수 있다.

　⑤ 제3항 또는 제4항에 따른 고발요청이 있는 때에는 공정거래위원회 위원장은 검찰총장에게 고발하여야 한다.

　⑥ 〈생략 ; 종전 ④와 동일〉

요청하는 경우 공정위가 반드시 고발하도록 규정했다.

이처럼 고발 요청기관을 확대하면서 2014년부터 고발 요청이 매년 활발해지고 있다. 아래 표에서와 같이 중소기업청(후에 중소벤처기업부로 됨)이 상대적으로 많이 고발을 요청했고, 검찰총장과 조달청이 각각 매년 1~2건씩 요청했다. 그러나 감사원장은 고발 요청한 사례가 1건도 없었다.

표8 | 공정위에 대한 각 기관의 고발요청

	2014	2015	2016	2017	2018	2019	2020.6	합 계
검찰총장	-	1	1	1	2	1	2	8
감사원장	-	-	-	-	-	-	-	-
조달청장	-	2	1	1	2	1	4	11
중기청장	5	4	2	3	3	8	9	34
합 계	5	7	4	5	7	10	15	53

〈출처〉 공정거래위원회, 국정감사 제출자료, 2019. 10월 / 내부자료, 2020. 6. 29

이처럼 각 기관의 고발 요청이 있으면 공정위가 의무적으로 고발하고 있는데, 이들에 대한 제재 수준은 미약하다고 지적한다.[79] 중소벤처기업부의 고발 요청에 따라 제재가 이루어진 결과를 살펴보면 대략 최저 500만 원에서 최고 5천만 원의 벌금으로 약식 기소된 경우가 대부분이었다는 것을 국회에 제출된 자료에서 알 수 있다.[80]

---

79) 내일신문, "중기부, 의무고발 처벌 솜방망이 8곳 폐업에 벌금 3,600만 원 불과", 2014. 10. 10. 일자 17면.
80) 중소벤처기업부가 주로 하도급법 위반행위에 대해 고발 요청(총 34건 고발 요청 중 23건이 하도급법 위반행위)하고 있으므로 이에 대해 엄중한 형사 제재가 어렵다고 하겠다. 최근 고발 요청으로 고발한 2건(담합 1건과 거래상 지위남용행위 1건)의 사건에서는 징역형이 선고되기도 했다.

이처럼 형사제재가 미약한 것은 공정위의 행정제재가 이루어진 이후에 추가적으로 형사제재를 하는 것이므로 재차 무겁게 제재하는 것이 어려운 측면이 있었기 때문으로 보인다. 그리고 기업 활동 과정에서 발생한 위반행위에 무거운 형사제재를 하는 것이 적합한 것인지에 대한 의문도 있었다고 하겠다.

4. 사실상 폐지된 공정위의 전속고발

검찰을 비롯하여 감사원, 조달청, 중소기업청에게도 공정거래법 위반 기업에 대해 고발을 요청할 수 있도록 규정하면서 공정위의 전속고발은 사실상 폐지된 것이나 다름없게 되었다. 고발 여부를 공정거래법 집행기관이 판단하지 않고 다른 기관도 할 수 있게 되었기 때문이다.

그런데 이 조항은 공정위의 법집행을 견제한다는 측면에서 의미가 있을지 모르겠지만 집행기관의 전문성과 독립성을 근본적으로 무너뜨리고 있다는 문제가 있다. 공정위에서 전문가 3인 또는 9인의 위원이 고발하지 않기로 결정한 내용을 다른 기관에서 손바닥 뒤집듯이 고발 요청을 할 수 있기 때문이다. 더욱 큰 문제는 다른 기관이 고발을 요청하면 공정위가 더 이상 논의하지 않고 고발요청에 응하도록 규정한 것이다.

고발요청이 이루어지는 실무 과정을 살펴보면 이 조항의 문제점이 더욱 드러난다. 먼저 공정위가 고발하지 않은 사건을 다른 기관에서 파악하고, 공정위의 의결자료 등을 검토하여 해당 기관에서 고발 여부를 다시 판단한다. 물론 이 과정에서 다른 기관도 관련 전문가들의 의견이나 실무자의 검토를 거치겠지만 공정위의 조사나 판단과 같은 전문적이고 집중적인 검토를 거치는지는 알 수 없다. 그리고 고발요청을 결정한 사

보도참고자료

공정한 시장경제 질서확립
경제민주화·창조경제 구현

공정거래위원회
FAIR TRADE COMMISSION

2013년 6월 25일(화) 배포	경쟁정책국 경쟁정책과
수신 즉시 보도 가능	담당 과장 : 김재신 (044-200-4300)
	담당 : 이선미 사무관 (044-200-4302)

공정위 전속고발권 폐지 법률안 국회 본회의 통과

□ 공정위 전속고발권 폐지를 골자로 하는 **공정거래법·하도급법·대규모 유통업법** 일부 개정 법률안이 2013. 6. 25. **국회 본회의**에서 **의결**되었음.

ㅇ 이번 법률 개정안의 내용은 현재 검찰만 보유하고 있는 **고발요청 권한**을 감사원 등 3개 기관에 **확대** 부여하고,

- 해당 기관으로부터 고발요청이 있는 경우 공정위는 **의무 고발**하도록 하는 것임.

ㅇ 다만, **공정거래법상 담합**의 경우 자진신고를 통한 담합 적발 및 구조적 와해를 위해 담합 **자진 신고자**에게는 고발하지 않도록 **예외로 인정**함.

* 현재에도 이미 검찰과 협의하에 관행적으로 관련 고시에 따라 고발을 면제함.

〈 3개 기관 고발요청 권한 부여 현황 〉

	감사원	조달청	중기청
대상법안	공정거래법, 하도급법 대규모 유통업법, 표시광고법, 가맹사업법(예정)	공정거래법, 표시광고법	공정거래법, 하도급법 대규모 유통업법, 표시광고법, 가맹사업법(예정)
고발요청 판단기준	사회적 파급효과	국가재정에 미친 영향	중소기업계에 끼친 피해규모

* 전속고발제가 있는 소관법률(5개) 중 ①**가맹 사업법**은 법사위 계류중임. (가맹점주 권리강화 방안과 일괄처리 예정), ②**표시 광고법**은 공정거래법을 준용하므로 별도 개정이 필요하지 않음.

□ 이번 법 개정을 통해 공정위의 전속고발제는 사실상 폐지되었으며, 앞으로 공정거래 관련 법 위반 행위의 고발이 늘어날 것으로 예상됨.

ㅇ 공정위는 내년 초 법 시행(공포 후 6개월 후)에 앞서 고발요청 권한이 부여된 기관들과 구체적인 고발요청 기준, 절차 등의 협의를 진행할 계획임.

위 자료를 인용하여 보도할 경우에는 출처를
표기하여 주시기 바랍니다. www.ftc.go.kr

검찰총장을 비롯한 4개 기관으로 고발 요청이 확대됨에 따라 공정위의 전속고발은 사실상 폐지된 것이다. 이 내용에 대해 작성한 공정위의 보도참고자료(2013.6.25)

실을 공정위에 통보만 하면 공정위는 위원회 의결을 거치지 않고 바로 고발하게 된다.

이러한 고발요청제에 따라 고발한 사건 수는 이미 살펴본 바와 같이 증가하는 추세에 있다. 앞으로 고발 요청이 계속 늘어날 전망이므로 공정위의 전속고발은 사실상 폐지된 것이고, 이러한 법 집행 방식의 문제점과 개선방안을 신중히 재검토할 필요가 있다고 하겠다.

2장. 전속고발 폐지론의 새로운 전개

1. 대통령 선거공약으로 등장

전속고발 조항의 폐지는 2017년 상반기 제19대 대통령 선거에서 문재인 후보의 선거공약 중 하나가 되었다. 이 공약이 들어가게 된 자세한 경위는 알려지지 않았다. 선거 캠프에서 일정 논의를 거쳤을 테지만 이 조항의 의미를 제대로 이해하지 못했거나, 폐지되는 경우에 어떤 부작용이 있을지를 크게 고민하지 않았던 것 같다. 왜냐하면 공약 내용이 아래처럼 지나치게 포괄적으로 전속고발 폐지를 규정했기 때문이다.

이미 앞에서 살펴본 것처럼 전속고발 규정은 공정거래 관련 6개 법률[81]에서 규정하고 있다. 그런데 경우에 따라서는 위반행위자에게 형사 제재를 하는 것이 부적절하거나, 전속고발 규정이 불가피한 법률도 있다. 이런 여러 가지 사정이 있음에도 불구하고 공약에서는 '공정거래법 등'의 전속고발 조항을 광범위하게 폐지하는 내용을 명시했다.

그리고 이 공약은 문재인 후보가 제19대 대통령으로 당선되면서 이행 방안을 구체적으로 모색하였는데, 특히 전속고발 폐지가 그랬다. 새 정부는 2017년 6월 공정거래위원장을 임명하였고, 이어서 8월 29일부터 민관합동 〈법집행체계 개선 TF(Task Force)〉가 출범하였다. 이 TF는 공정

---

81) 공정거래법(제71조), 하도급법(제32조), 대규모 유통업법(제42조), 가맹사업법(제44조), 대리점법(제33조), 표시광고법(제16조제3항)이다.

위 외부에서 10명의 전문가들이 참여하여 공정거래법 집행 수단을 종합적으로 검토하였는데, 전속고발 폐지방안에 대해서도 논의하면서 전속고발은 본격적인 폐지 단계로 접어들었다.

〈 제19대 대통령선거의 전속고발 폐지 관련 공약 〉

공정하지 않은 공정거래 감사, 전속고발권 폐지와 공정거래위원회 역할 강화로 해결하겠습니다.

□ **공정위의 '전속고발권' 제도를 폐지**

  ○ 「공정거래법」 등의 법 위반행위로 피해를 입은 자는 누구든지 자유롭게 고발을 할 수 있도록 하여, 불법행위에 대한 처벌 가능성을 높이고 상대적 약자들의 보호를 강화

□ **공정위의 조사역량 강화 등 전면 개혁**

  ○ 기업들의 불공정행위에 대한 공정위의 조사권한 확대, 조사활동 방해에 대한 처벌 강화, 조사기일 단축 등 불법행위 여부에 대한 신속한 조사 및 법집행 역량 강화

  ○ 공정위의 대기업전담부서를 확대하는 등 역할 강화

□ **공정위·지자체와의 협업체계 구축**

  ○ 지방자치단체 등에 공정거래법 위반행위에 대한 신고와 분쟁조정권한 등을 위임하여 신속한 피해구제 추진

2. 전속고발 폐지를 위한 논의 진행

공정위가 출범시킨 〈법집행체계 개선 TF〉의 논의결과는 2017년 11월 13일과 2018년 2월 22일 2차례에 걸쳐 발표됐다. 발표에 따르면 2017년 10월 20일 5차 TF회의에서 전속고발 규정의 존폐 여부에 대해 총론적 논의를 거쳐 6개 법률 중 쟁점이 많을 것으로 예상되는 공정거래법을 제외하고 5개 법률에서의 존폐 여부를 먼저 논의했다.

이 TF 논의에서 의견이 나뉘었다. 폐지론자들은 형사 제재를 강화하자는 국민적 요구가 크고, 고소·고발 남발이나 무리한 수사 우려가 크지 않다고 했다. 반면에 유지론자들은 기업 활동의 위축 가능성과 함께 공정거래법의 특성, 글로벌 기준과의 정합성, 중소기업 부담 등을 고려해야 한다고 했다.

논의 결과는 대략 가맹법, 유통업법, 대리점법에서는 전속고발제를 폐지하는 것이 바람직한 것으로 의견이 모아졌다. 소위 갑을관계에서 비롯되는 불공정 행위를 근절하는 것이 시급하고, 위법성 판단 시 고도의 경쟁제한효과를 분석하는 것이 불필요하다는 점이 근거로 제시됐다.

복수안으로 제시된 법률도 있었다. 하도급법의 경우 중소기업 부담을 고려하여 원사업자가 중소기업이 아닌 하도급 거래에서만 폐지하자는 방안, 모든 금지 조항에 형벌이 존재하고 중소기업 간 거래도 상당하므로 존치하자는 복수안이 제시됐다. 또한 표시광고법의 경우 허위·기만 광고는 고의성과 소비자 피해가 커서 폐지하자는 안, 소상공인에 대한 음해성 고발이 남발될 우려를 고려하여 존치하자는 안으로 복수안이 제시됐다.

다음으로 2018년 1월 5일 10차 TF회의에서는 공정거래법에 규정된 전속고발 규정의 존폐 여부를 논의했는데 3가지 방안이 제시됐다.

첫째, 공정위와 검찰 간 협업을 통해 상호 전문성을 극대화하면 중복으로 조사하는 문제를 해결할 수 있으므로 공정거래법에 규정된 전속고발 규정을 전면 폐지하자는 의견이었다.

둘째, 전속고발 규정을 폐지하면 부작용이 크고 담합 적발의 핵심수단인 자진 신고(리니언시)가 작동하지 않을 우려가 있으므로 검찰과 협업을 강화하고 고발하지 않는 사건에 대한 이의신청제 도입 등으로 제도를 보완하자는 의견이었다.

셋째, 경제분석 필요성, 중소기업에 미치는 영향, 사회적 형벌제재 필요성 정도 등을 고려하여 선별적으로 폐지하자는 의견이었다. 선별 폐지 의견의 경우에도 구체적인 선별폐지 대상 범위에 대해서는 의견이 다양했다. 즉, ①폐지 대상을 보복 조치, 사익 편취, 부당지원행위에 한해 폐지하자는 견해, ②경성담합에 한 해 폐지하자는 견해, ③경성담합, 보복 조치, 사익 편취, 부당지원행위에 한 해 폐지하자는 견해로 나뉘었다.

이러한 TF 논의 결과는 공정위의 추진방안으로 더욱 구체화됐다. 공정위는 2018년 업무계획에서 유통3법(가맹·유통·대리점)과 표시광고법에서 전속고발 규정을 전면 폐지하고 하도급법에서 기술유용행위 부분을 폐지하기로 확정하여 발표했다.[82]

공정위가 이러한 내용의 전속고발 폐지 방안을 마련한 것이 적절했는지에 대해서 앞으로 재검토할 필요가 있다. 업무계획에서 밝힌 내용의 폐지방안은 법 적용의 가능성, 형사 제재의 적절성, 폐지 시 예상되는 부

---

82) 공정위, "2018년 공정거래위원회 업무계획", 2018. 1. 26.

작용, 다른 나라 법 집행과의 정합성 등을 감안할 때 부적절하다고 판단되기 때문이다. 그리고 그동안 전속고발 폐지를 요구했던 법무부나 검찰에서도 경성담합에 대한 폐지를 기대했지, 다른 분야의 폐지를 기대한 것은 아니었다고 하겠다.

그럼에도 불구하고 공정위가 이러한 내용의 폐지방안을 발표한 데는 사정이 있었을 것이다. 우선 대통령 공약의 이행 방안을 만들어야 한다는 점이었을 것이다. 전속고발 폐지는 법 개정으로 이루어질 사항이므로 향후 국회 논의에서 적절한 방안이 만들어질 것으로 기대했을 수도 있다. 어떤 사정이 있었든 공정위가 발표한 폐지방안은 그대로 추진되지 않아서 다행이었다고 할 정도로 문제점이 많았다.

3. 경제계의 반대 목소리

공정거래법 집행에서 형사제재를 강화하는 것은 경제계에 엄청난 영향을 미치는 중대한 사안이다. 이 문제는 세계 최초로 독점규제법을 제정한 미국에서부터 큰 논란이 있었다. 미국은 1890년 셔먼법을 제정하여 형사제재로 법집행을 했으나, 여러 가지 문제점이 제기되자 1914년 연방거래위원회법(FTC법, Federal Trade Commission Act)을 제정하여 연방거래위원회를 설치하고 행정제재 중심으로 법집행 방식을 전환했다.[83] 주요한 이유는 경제활동에 형사제재를 하고 이를 위해 형사조사 등이 이루어지

---

83) 셔먼법 집행의 문제점으로는 노동조합 활동에 먼저 적용한 것을 비롯하여, 법무성의 소극적 집행, 장기간이 소요되는 집행과정, 법무성 기소와 법원 판결로 위법 여부를 판단하는 사법절차의 본질적인 한계 등을 지적할 수 있다. 이에 대해서는 지철호, 『독점규제의 역사』, 68~71쪽 참조.

는 경우 경제활동이 위축되기 때문이었다.

미국에 이어 일본은 1947년 독점규제법을 제정하면서 전속고발 조항을 규정하여 형사 집행을 제한했고, 독일(서독)은 1957년 제정한 독점규제법에서 형사제재 조항을 규정하지 않아 형사 집행이 이루어질 수 없도록 했다. 모두 형사 집행으로 경제활동이 위축되는 것을 원하지 않았던 것이다.

이와 같은 배경에서 한국 경제계는 전속고발 폐지에 가장 큰 목소리로 반대했다. 전국경제인연합회, 대한상공회의소, 한국경영자총협회, 중소기업중앙회, 중견기업연합회, 한국무역협회, 한국상장회사협의회 등 주요 경제단체들은 일관되게 전속고발 폐지의 문제점을 지적했다. 이들 단체는 시민단체 등의 고소·고발 남발, 검찰과 공정위의 이중조사 가능성, 검찰의 자진 신고(리니언시) 정보 등을 이용한 별건 수사 가능성, 검찰 수사 대응을 위한 법무비용 증가 등을 우려했다.

중견·중소기업은 검찰 수사권이 확대되면 경영상황이 비교적 투명하고 법무팀을 운영하여 대비할 수 있는 대기업보다 자신들이 더 피해를 볼 것이라고 주장했다. 특히, 중소기업들은 대기업의 소위 '갑질피해'를 방지하기 위해 하도급법 등에 규정된 전속고발을 폐지해야 한다는 일부 의견도 있었지만, 전체적으로 기업 활동의 위축과 부담 가중 등을 우려하여 폐지에 반대하는 입장이었다.

특히, 중소기업중앙회는 "전속고발권 폐지는 취지의 선한 목적에도 불구하고 중소기업이 처한 현실적인 여건과 우려되는 부작용을 생각하면 그 결과까지 선할지는 알 수 없다. 중소기업계 현장에서는 모든 기업을 대상으로 하는 공정위의 전속고발권 폐지는 시기상조라고 입을 모으고 있다.[84]"면서 전속고발권 폐지가 중소기업에 더 치명적이므로 현행대로 유지되어야 한다는 입장을 밝히기도 했다.

4. 학계 전문가의 입장

공정거래 분야에 정통한 법학 또는 경제학 전문가들은 전속고발 폐지와 관련하여 학회나 세미나에서 발표하거나 토론하는 경우에 일부가 명확한 견해를 밝히기도 했지만 입장이 애매모호한 경우가 많았다. 이 문제를 둘러싸고 공정위와 법무부(검찰)의 입장 차이가 너무 컸기 때문에 전문가라도 어느 한 부처의 입장에 서는 것이 부담이었을 것이다.

공정위가 대통령선거 공약이던 전속고발 폐지를 추진하면서 이에 대한 논의가 여러 번 있었고, 언론에서도 관련 기사를 많이 보도했다. 이러한 논의에 참석한 학자들이 제시하는 의견이 있었지만 대개 익명이었고 공개되는 경우는 드물었다. 일부 언론에서 취재하는 경우에도 기사에서 전문가 이름을 명시하는 경우가 많지 않았다.

그런데 비록 전속고발 폐지가 본격 논의되기 이전이었지만 명확한 입장을 밝힌 전문가가 있었다. 대표적으로 성균관대 지성우 교수는 전속고

---

84) 김기문 중소기업중앙회장, "공정위 전속고발권, 현행 유지돼야", 한국경제신문 시론, 2020. 11. 16. 일자, 39면.

발제를 프로메테우스의 '불(火)'[85]에 비유하며 이를 폐지하는데 신중해야 한다는 입장을 밝히기도 했다.[86]

> "불을 잘못 사용하면 화재가 나서 우리에게 흉기가 될 수 있죠? 그러나 불을 잘 사용하면 국민에게 이로운 기재가 됩니다. 전속고발권은 우리에게 양날의 검인만큼 폐지는 신중하게 검토해야 합니다."
>
> *(지성우, 성균관대 법학전문대학원 교수, 아주경제 '법과 정치 창간기념식 및 강연회' 강연, 아주경제, 2018. 1. 31, 3면)*

보도에 따르면 지성우 교수는 특별강연에서 "전속고발제도가 폐지되면 소송이 남발되면서 일상적인 상거래 활동이 모두 수사기관의 업무 대상이 되므로 사법기관의 업무 부담이 커지는 것은 물론 기업 활동도 크게 위축된다고 우려했다."고 했다. 아울러 그는 "수사 자체만으로도 손익판단에 기초한 경제활동에 대한 심각한 역효과 및 민사사건의 형사화 현상을 심화시킬 수 있으며 수사로 인해 기업 활동이 마비될 가능성이 매우 크다"고 지적했다.

---

85) 그리스 신화에서 프로메테우스는 자신이 창조한 피조물 중에서 인간을 사랑했지만 나누어줄 선물이 없었다. 그러자 그는 올림푸스 신들의 주신이었던 제우스가 아끼던 불을 몰래 훔쳐 인간에게 나누어줬다. 이로 인해 제우스가 격노하여 프로메테우스를 코카서스 바위산에 묶어 두고 매일 독수리에게 간을 쪼아 먹히는 형벌을 내렸다. 불사신이었기에 간이 매일 재생되었고 다음 날 다시 독수리가 쪼아 먹는 형벌은 제우스의 아들이자 영웅이었던 헤라클레스가 구원하기까지 계속됐다.

86) 지성우 성균관대 법학전문대학원 교수, "'양날의 검' 전속고발권, 폐지는 신중히 검토해야", 아주경제, 2018. 1. 31. 일자, 3면.

3장. 험난했던 전속고발 폐지방안 합의

1. 두 기관의 입장 차이

공정위는 2017년 6월 위원장이 새로 임명되고 전속고발 폐지를 서둘렀다. 2017년 8월 29일 〈법집행체계 개선 TF〉를 출범시켜 전속고발 규정이 있는 공정거래 관련 법률을 전반적으로 검토했다. 이 TF 논의결과가 2018년 공정위 업무계획에 반영되어 유통3법(가맹·유통·대리점), 표시광고법의 전속고발 규정을 전면 폐지하고 하도급법에서 기술유용행위 부분을 폐지하는 내용으로 발표되었다.

이러한 공정위의 폐지 방안은 전속고발제도의 도입 취지, 역사적 배경, 폐지 시 부작용 등을 전혀 고려하지 않은 채 만들어졌다. 폐지에 급급해서 졸속으로 만들어낸 방안이었다. 그러다보니 전속고발 폐지에 관심이 큰 법무부 입장과 차이가 컸다. 사실 법무부가 관심을 둔 전속고발 폐지는 공정거래법에 규정된 것이었지 다른 법률에 규정된 것이 아니었다.

법무부는 오랜 기간 동안 전속고발 폐지에 대해 나름대로 연구하고 검토했다. 이에 따라 경성담합의 전속고발 폐지를 우선 추진해야 한다는 결론에 도달했을 것이다. 이를 제외한 나머지 불공정행위의 경우 형벌 적용에 어려움이 있고, 이론적·실무적·비교법적으로 폐지의 명분을 찾기가 어려웠기 때문이다. 검찰이 경성담합 사건을 처리한 경험이 풍부하다는 점도 고려했을 것이다. 그리고 법무부 입장에서 다른 분야의 전속고발은 서두르지 않고 단계적으로 폐지해도 무방하다고 생각했을 것이다.

공정위와 법무부는 2018년 5월경부터 전속고발 폐지방안을 본격적으로 협의했다. 두 기관의 협의에 검찰도 관심이 컸던 만큼 함께 참석했다.[87] 5월 3일 공정위 부위원장과 법무부 차관의 협의가 있었다. 이 협의에서 공정위의 TF 논의나 2018년 업무계획에서 발표한 폐지 방안은 논의되지 않았다. 법무부가 폐지를 요구하거나 이에 대해 전혀 의견을 내지 않았고, 공정위도 폐지방안으로 제시하지 않았기 때문이었다.

두 기관의 협의에서 공정위는 전속고발제도의 필요성을 설명하면서 이를 폐지하려면 공정거래법에 규정된 형벌 정비, 글로벌 기준과의 일치, 자진신고제도의 운영방안 정비가 필요하다는 입장을 밝혔다. 이에 대해 법무부는 공정위 법집행의 문제점을 지적하며 전속고발 폐지가 필요하고, 자진신고가 악용되어 비판받는 것을 개선해야 한다는 견해를 밝혔다.

이러한 논의를 바탕으로 협의의 쟁점이 몇 가지로 압축되었다. 공정거래법에 규정된 형벌 규정의 정비, 전속고발 폐지와 그 범위, 폐지 범위를 경성담합으로 한정하는 경우 자진신고제도의 운영 방안 등을 주로 논의했다.

개략적인 논의결과는 다음과 같았다. 형벌 정비의 경우 담합에 대한 형벌을 유지하고 경미한 위반행위에 대한 형벌을 정비하며, 공정위가 구체적인 정비방안을 제시하면 법무부가 의견을 내기로 했다. 전속고발의 폐지 범위는 경성담합에 해당하는 가격담합, 공급 제한, 시장 분할, 입찰담합의 4개 유형으로 한정하여 논의하기로 했다. 자진신고제도는 투

---

87) 예컨대 2018년 5월 3일 협의에는 공정위에서 부위원장, 카르텔조사국장이 참석했고, 법무부와 검찰에서 법무부차관, 공정거래조사부장, 상사법무과장, 국제형사과장 등이 참석했다.

명·공정하게 운영되도록 법무부에서 운영 원칙을 마련하여 공정위에 제시하기로 했다.

이러한 협의를 통해 두 기관은 전속고발 폐지 방안을 큰 틀에서 만들어 나갔다. 전속고발 폐지 범위는 분명해졌다. 공정위는 형벌 정비를 고민해야 했지만, 경성담합을 제외한 전속고발 폐지방안에 대해서 고민할 필요가 없게 되었다. 법무부는 자진신고제도 운영방안을 마련하게 되었는데, 이에 대해 두 기관의 입장 차이가 크다는 것이 서서히 나타나 새로운 쟁점으로 부상했다.

2. 공포 속에서 이루어진 합의

2018년 5월 3일 공정위 부위원장과 법무부 차관이 전속고발 폐지 범위에 대해 사실상 합의하면서 폐지 방안에 대한 협의는 끝났다. 이러한 내용의 협의 결과를 다음날인 5월 4일 공정위 부위원장과 법무부 차관이 대통령비서실 경제수석에게 보고했다. 5월 11일 공정위원장과 검찰총장 간 면담도 있었다. 그리고 두 기관 간 이견이 있는 자진신고제도 운영에 대해서는 계속 협의하기로 했다.

이제 협의는 전속고발 폐지방안이 아니라 자진신고제도 운영방안에 대한 협의로 급변했다. 그런데 이 협의에서 두 기관 간 이견이 좁혀지지 않았다. 검찰이 포함된 법무부와 공정위 간 실무협의가 5월 31일, 6월 5일, 6월 11일, 6월 15일까지 4차례나 진행됐다. 리니언시 운영기관, 1·2순위에 대한 형사 고발 면제 범위, 정보 공유 문제에 대한 이견이 계속됐다. 세부적으로 들어갈수록 이견이 더 벌어져 정보공유 시점이나 범위 등에서 새로운 이견이 생겨났다. (구체적인 쟁점은 제3부 3장에서 이미 설명함)

그런데 6월 20일 갑작스럽게 검찰이 공정위를 대대적으로 수사하기 시작했다. 얼마 전까지 전속고발 폐지에 대한 협의에 참석했던 당사자들이 그 협의의 상대방을 수사하는 형국이 벌어졌다. 자진신고제도를 중심으로 한 전속고발 폐지방안에 대한 협의는 검찰 수사가 진행되는 공포 속에서 계속됐다.

7월 4일 공정위원장과 법무장관의 면담을 비롯하여 몇 차례의 실무협의를 더 거치면서 전속고발 폐지방안이 마련됐다.[88] 마침 검찰의 공정위 수사도 마무리를 향하고 있었고, 합의 내용을 발표하는 절차가 남았다. 검찰이 8월 16일 공정위에 대한 수사결과를 발표했다. 이어서 8월 21일 전속고발제 개편과 관련하여 공정위원장과 법무부장관이 합의문에 서명하는 행사가 개최됐다. 공포 속에서 이루어진 합의를 바탕으로 만들어진 합의문이었는데 그 내용은 다음과 같다.[89] 전속고발의 수난이 그대로 반영된 내용이라고 하겠다.

공정거래법 전속고발제 폐지 관련 합의문

이 합의안은 문재인 대통령 대선 공약과 정부출범 후 국정기획자문위원회가 도출한 국정과제의 방침을 기준으로 하여 법무부장관·공정거래위원장의 협의에 따라 만들어진 것이다. 이 합의의 실현은 궁극적으로 입법에 의하여 가능한 것이다. 국회의 적극적인 협조를 부탁드린다.

---

88) 공정위 현직 부위원장이었던 나는 검찰 수사에서 공직자윤리법 위반으로 기소됐고, 이어서 업무배제되어 전속고발제 개편의 마무리 작업 등의 업무에 참여할 수 없었다.
89) 이 합의문은 원문 그대로이다.

1. 총칙

법무부와 공정거래위원회(이하 '공정위')는 '독점규제 및 공정거래에 관한 법률(이하 '공정거래법' 또는 '법')'상 행정, 민사, 형사적 법 집행수단을 종합적으로 정비하여 균형 있는 법집행 시스템을 구축함으로써 건강한 시장경제의 발전 및 소비자 후생증진을 도모해야 한다는 데 공감하고, 그 중 형사적 집행수단의 최적화를 위해 경성담합에 대한 전속고발제를 폐지하고, 이후 자진신고 제도의 차질 없는 운영을 위해 적극 협조하기로 합의하였다.

2. 전속고발제 폐지 범위

공정거래법 제66조 제1항 제9호 중 제19조 제1항 제1호(가격담합), 제3호(공급제한), 제4호(시장분할), 제8호(입찰담합)에 위반한 범죄에 대해 공정위의 전속 고발제도를 폐지한다.

3. 전속고발제 폐지시 자진신고 제도의 운영

가. **(형벌감면)** 전속고발제 폐지시 자진신고 제도의 투명하고 효율적인 운영을 위해 공정거래법 및 동법 시행령(이하 '영')에 자진신고자(소속 전현직 임직원을 포함한다.) 등에 대한 형벌감면의 근거규정을 마련한다.

① 1순위 자진신고자는 형을 면제하고 2순위 자진신고자는 형을 임의적으로 감경할 수 있도록 규정하되, 자진신고자의 예측가능성 제고를 위해 공정위 입법예고시 '검찰은 적절한 감경기준을 마련하기로 한다'는 내용을 포함한다.

② 자진신고자의 충실한 수사협조를 담보하기 위해, 자진신고자의 형벌감면 요건으로 '검찰의 수사 및 재판에 협조하였을 것'을 추가한다.

나. **(행정조사 자료 및 수사 자료 제공)** 공정거래법에 검사의 자진신고 관련 정보누설 금지 의무를 신설하는 한편, 공정거래법 및 동법 시행령에 검찰 수사를 위한 공정위의 자진신고 정보를 포함한 행정조사 자료 및 공정위 행정처분을 위한 검찰 수사자료 상호 제공의 근거 규정을 마련한다.

다. **(자진신고 정보 공유 방식)** 자진신고 접수창구를 기존 공정위 창구(leniency@korea.kr 등)로 단일화하되, 공정위는 검찰에 자진신고 접수 이메일 계정에 접속할 수 있도록 하고 검찰과 자진신고 관련 정보를 실시간 공유한다.

라. **(공정위 우선조사 사건)** 아래 마. 항에 해당하는 사건을 제외한 일반적인 자진신고 사건은 공정위가 우선 조사하며, 원칙적으로 13개월 내에 조사를 마치고 관련자료 등을 검찰에 송부한다.

마. **(검찰 우선수사 사건)** 검찰은 사안의 중대성, 시급성 등을 고려하여 가격담합, 입찰담합 등 국민경제에 심대한 피해를 초래할 가능성이 있거나, 국민적 관심, 사회적 비난 가능성이 큰 자진신고 사건 등에 대하여는 우선 수사할 수 있다.

바. **(형사면책 판단)** 자진신고 신청이 접수되면 공정위는 일정기간 자료를 보정한 후 자진신고에 대한 공정위의 의견과 검토 자료 등을 검찰에 송부한다. 검찰은 자진신고 신청자에 대한 형사면책 판단시 공정위의 의견을 최대한 존중한다.

사. **(사업자에 대한 통지)** 공정위는 자진신고자에 대한 시정조치 및 과징금의 감면 여부를 결정하기 전에 자진신고 접수일시, 접수순서, 자진신고 시 필수 기재사항 및 증거 제출 누락여부 등을 사업자에게 확인해 줄 수 있다.

아. **(감면취소)** 자진신고로 공정위로부터 시정조치 및 과징금을 감면받은 후 행정소송에서 비협조하는 자에 대한 행정면책 취소 근거 규정을 신설한다.

자. **(비밀유지 등)** 자진신고 비밀유지와 일관된 사건처리를 위해 대검찰청에 자진신고 등을 전담하는 부서와 전문인력을 별도로 지정한다.

차. **(실무협의체 구성·운영)** 공정위와 검찰은 자진신고 제도 운영과 관련된 정보교환 및 현안 협의를 위한 실무협의체를 구성하여 운영한다.

4. 기타

가. 본 합의 내용 중 공정거래법 개정사항은 공정위가 금년 중 국회에 제출 예정인 공정거래법 전면개편안에 반영한다.

나. 법무부와 공정위는 신속한 법개정, 하위규정 개정 및 MOU 체결 등 후속조치 이행을 위해 적극 협력한다.

2018년 8월 21일

법무부장관   공정거래위원장

박 상 기   김 상 조

3. 합의 없는 합의문

공정위원장과 법무부장관이 2018년 8월 21일 서명한 '공정거래법 전속고발제 폐지 관련 합의문'은 명칭과 다르게 자진신고제도의 운영에 관한 합의문이라고 하겠다. 합의문에 포함된 내용의 대부분을 차지하는 것이 이와 관련된 것이고 전속고발제 폐지와 관련된 내용은 미미했기 때문이다.

자진신고제도 운영과 관련된 내용은 두 기관이 서로 협의하여 합의한 내용이라고 보기도 어렵다. 검찰의 공정위 수사가 진행되는 가운데 이루어진 합의였고, 그 내용이 법무부의 일방적인 입장만 반영되었기 때문이다. 사실상 합의 없는 합의문이었다고 할 수 있다.

앞에서 원문 그대로 게재한 합의문을 참조하면서 자진신고제도 운영과 관련된 내용을 항목별로 몇 가지에 대해 구체적으로 살펴보자.

첫째, 형벌 감면의 경우 공정위는 1·2 순위 자진신고에 대해 모두를 면제하는 것이었고, 법무부는 1순위에게 면제, 2순위에게 임의적으로 감경할 수 있도록 하는 것이었다. 공정위가 계속 운영해온 감경 기준에 부합하지 않아 법무부 입장을 반대했지만 합의문에는 법무부 입장이 그대로 반영되었다.

둘째, 행정 조사 자료 및 수사 자료 제공에 관한 합의 내용에서 핵심은 공정위의 자진신고 정보를 검찰의 수사 자료로 제공하도록 한 것이다. 공정위의 담합 조사에서 가장 중요한 것이 자진신고 정보를 취득하는 것이다. 그런데 이 정보를 검찰의 수사 자료로 제공하도록 한다면 공정위의 담합 조사가 효과적으로 이루어질 것인지 의문이다. 이 내용도 법무부 입장대로 합의문에 반영되었다.

셋째, 자진신고 정보를 접수하는 창구를 공정위 창구로 단일화(leniency@korea.kr 등)하는데, 이 자진신고 관련 정보를 검찰과 실시간으로 공유한다는 것이다. 접수창구를 단일화하는 것은 명목에 불과할 뿐이고 실질적으로는 자진신고 정보를 실시간으로 공유하는 것이다. 법무부 입장이 합의문에 그대로 포함되었다.

넷째, 공정위 우선 조사 사건과 검찰 우선 수사 사건은 사실상 모든 사건을 검찰이 우선 수사한다는 합의라고 하겠다. 국민경제에 심대한 피해를 초래할 가능성이 있거나, 국민적 관심, 사회적 비난 가능성이 큰 자진신고 사건 등에 대하여는 검찰이 우선 수사한다는 것이다. 그리고 이에 해당하지 않는 일반적인 자진신고 사건을 공정위가 우선 조사한다는 내용이다. 지나치게 일방적인 해석이나 판단으로 우선순위를 결정하는 내용이라고 하겠는데, 이것이 법무부 입장인 것은 물론이다.

다섯째, 형사 면책의 경우 최종적인 판단을 검찰에서 하는 것이 타당하겠지만 공정위에 접수된 자진신고의 형사 면책에 대해 공정위는 의견을 제시할 뿐이라면 누가 공정위에 자진신고를 접수할지 의문이다. 검찰이 공정위 의견을 최대한 존중한다는 내용을 액면 그대로 믿고 자진신고할 것을 기대하기 어렵다. 이런 내용은 자진신고제도의 근간을 뿌리부터 뒤흔드는 내용인데 그대로 합의문에 포함되었다.

이처럼 합의문 내용에 포함된 여러 가지 항목에 대해 공정위와 법무부의 입장에 차이가 있었지만 모두 법무부 입장에 따라 합의문이 작성되었다. 검찰이 공정위를 대대적으로 수사하며 압박하지 않았다면 이러한 일방적인 합의는 이루어질 수 없었을 것이다.

합의문 내용대로 추진되면 기업은 자진신고하여 제재, 특히 형사제재를 면제 또는 감경 받을 수 있는 확신이 없어질 것이다. 그리고 공정위는 담합 조사하여 취득한 정보를 검찰에 넘겨줘야 할 것이다. 기업은 자진신고하려는 유인이 줄어들 것이고, 공정위는 담합 조사할 동기가 사라질 것이다. 담합 적발이 제대로 이루어지기를 기대하는 것은 연목구어(緣木求魚)와 같다고 할 수 있다.

4장. 폐지 위기에서 되살아난 전속고발 조항

1. 폐지 위기에 몰린 전속고발

전속고발 폐지에 관해 공정위와 법무부가 어찌어찌 합의함에 따라 공정거래법 개정 작업이 추진됐다. 공정위는 합의 내용대로 가격담합, 입찰담합 등 경성담합의 전속고발 조항을 폐지하는 법 개정안을 2018년 8월 24일 입법예고했다.[90] 이를 통해 이해관계자나 관계부처 의견을 수렴한 공정거래법 개정안이 2018년 11월 27일 국무회의를 통과하여 정부안으로 국회에 제출됐다.

그런데 20대 국회에서 공정거래법 개정안에 대한 심의는 여·야 이견이 없는 일부 절차 규정만 2020년 4월 29일 본회의를 통과하였다. 그리고 전속고발 폐지를 포함한 다른 규정에 대해서는 여·야의 의견 차이로 전혀 논의되지도 않은 상태에서 20대 국회의 임기 만료로 자동 폐기되었다.

전속고발 폐지를 비롯한 공정거래법 개정은 21대 국회에서 추진될 과제가 되었다. 2020년 4월 15일 실시된 제21대 총선에서 여당이 180석 의석을 차지했다. 이에 따라 정부 여당의 입법 추진은 탄력을 받았고, 특히 대통령 공약이었던 전속고발 폐지는 기정사실로 굳어지고 있었다.

21대 국회에서 공정거래법 개정이 본격적으로 다시 추진되었다. 정부

---

90) 2018년 공정위 업무계획에서 폐지하기로 발표한 유통3법, 표시광고법, 하도급법 상 기술유용행위에 대한 전속고발 폐지는 의원 입법 방식으로 추진하여 이미 발의된 상태였다.

개정안은 기존에 마련했던 것과 동일한 내용으로 2020년 6월 11일 입법 예고, 8월 25일 국무회의 의결을 거쳐 국회에 제출됐다.

국회 심의에서는 공정거래법을 포함한 상법, 금융그룹감독법이 공정 경제 3법으로 분류되었고, 정부와 여당이 2020년 정기국회에서 개정하는데 특히 역점을 두고 있었다. 공정경제 3법 개정에 대해 야당의 반대가 있었지만 여당의 법 개정을 막기에는 역부족이었다. 그래서 공정거래법 개정안의 핵심 내용의 하나로 포함된 전속고발 조항은 폐지 직전으로 몰렸다.

2. 천신만고 끝에 되살아난 전속고발

전속고발 조항이 폐지 직전에 되살아나는 일이 벌어졌다. 정기국회 심의를 앞두고 전속고발이 폐지되면 검찰이 기업을 직접 수사할 수 있고, 이것은 검찰의 권한을 키워주게 돼 검찰개혁과 부합하지 않는다는 문제가 불거졌다. 그래서 여당 지도부를 중심으로 전속고발 폐지방안을 다시 논의하자는 기류가 만들어졌다. 논의는 급박하게 진행되어 2020년 12월 6일 고위 당·청 논의를 거쳐 전속고발 조항을 그대로 유지하는 방향으로 급선회가 이루어졌다.

그리고 공정거래법 개정안이 12월 8일 정무위원회에서 논의되었다. 정무위원회 전체회의에서 의결하려던 법안은 야당 요청으로 안건조정위원회에 회부되었다. 안건조정위원회는 상임위원회에서 이견을 조정할 필요가 있을 때 재적의원 3분의 1 이상의 요구에 의해 여야 동수의 6명으로 구성된다.[91] 그리고 안건조정위원회 의결을 위해서는 재적의원 3분의 2 이상 찬성이 필요하기 때문에 6명 중 4명의 찬성표를 얻어야 했다.

안건조정위원회에서는 전속고발 폐지에 찬성하는 여당 의원 3명과 역시 폐지에 찬성하는 야당 의원 1명을 포함한 총 4명의 찬성으로 폐지하는 개정안이 통과되었다. 이렇게 통과된 개정안은 즉시 정무위원회 전체회의로 회부되었다. 정무위원회 전체회의에서 여당은 전속고발을 유지하는 내용으로 급선회한 내용의 수정안을 마련하였다. 그리고 이 수정안이 정무위원회 전체회의에서 여당 단독으로 통과되었다. 이러한 과정을 거친 공정거래법 개정안은 정기국회 마지막 날인 12월 9일 본회의에서 통과되었다.

이러한 국회 논의과정을 거치며 전속고발 조항은 폐지에서 유지로 뒤바뀌었다. 일부 의원들은 국회 논의와 심의과정에서 편법이나 꼼수가 있었다고 비판하거나 폐지를 다시 추진해야 한다는 입장을 밝히기도 했다.[92] 입법과정의 문제점을 질타하는 언론도 있었다.[93]

그러나 전속고발은 처음 폐지방안이 마련되는 과정에서부터 문제가

---

91) 국회 선진화법 내용의 하나로 다수당의 일방적인 법안이나 안건 처리를 막기 위해 2012년 5월 개정된 국회법 제57조의2에 규정되었다. 상임위원회 재적의원 3분의 1 이상이 쟁점 법안에 대해 안건조정위원회 구성을 요구하면 여야 동수로 위원회를 구성하여 최장 90일간 논의할 수 있다. 조정안 의결을 위해서는 재적의원 3분의 2 이상의 찬성이 필요하다.

92) 2020. 12. 10일자 인터넷 기사로는 조선Biz, "전속고발권 유지→폐지→유지' 후폭풍…與 "개혁 후퇴' 일부 반발", 한국경제신문, "우여곡절' 공정거래법 통과 하루 만에…與 내부 '전속고발권 폐지' 재추진론", 경향신문, "민주당 내부서 "공정거래 후퇴는 잘못" 전속고발권 폐지 재추진론 등장… 왜?" 참조. (원문보기: https://www.khan.co.kr/politics/assembly/article/202012101117011#csidxdaf4f2bdd2e313dac5f10ecc291eb96) 등 참조.

93) 2020. 12. 10일자 조선일보, "소위 통과 뒤 法 바꿔치기한 與, 입법 아닌 집단 사기", 35면, 한겨레, "정의당 속인 민주당, '전속고발권 폐지' 돌려놔라", 23면 등 참조.

많았다. 국회 논의과정에서 폐지가 유지로 급선회한 부분만 문제가 있는 것이 아니었다. 그동안의 전체 과정을 뒤돌아보면 전속고발은 연속되는 수난을 겪으며 폐지 직전까지 몰렸다가 극적으로 되살아났다. 이런 결과로 귀결된 것은 역사의 순리(順理)였다고 하겠다.

제7부

전속고발 문제의 대안 모색

1장. 전속고발 폐지가 대안은 아니다

1. 전속고발 폐지를 위한 두 가지 전제조건

전속고발이 문제가 있으니 이를 아예 폐지하자는 주장은 이미 앞에서 살펴본 것처럼 전혀 타당하지도 않고 바람직하지도 않다. 전속고발 폐지를 위해서는 적어도 두 가지 전제조건이 충족되어야 한다.

첫째, 전속고발을 규정한 6개 법률에서 광범위하게 규정하고 있는 형사벌칙 조항을 대폭 정비해야 한다. 둘째, 검찰의 법집행 과정에 경제 전문가가 실질적으로 참여하는 방안이 마련되어야 한다. 이러한 두 가지 전제조건이 충족된다면 담합행위를 비롯한 일부 위반행위에 대한 전속고발 폐지를 시도하는 것도 가능하다고 하겠다.

먼저 형벌 조항의 정비에 대해 살펴보면, 그동안 이를 완강히 반대하던 법무부나 검찰의 입장에 변화가 생겼다. 2018년 5월 공정위와 법무부 간 전속고발 폐지를 위한 협의에서 법무부가 진향적인 태도를 보였다. 이에 따라 기업결합행위, 일부 불공정거래행위, 일부 사업자단체금지행위, 재판매가격유지행위에 대한 형벌 규정을 삭제하는 공정거래법 개정안이 마련되었다.

이처럼 형벌 규정을 삭제하는 이유는 크게 두 가지였다.[94] 우선 경쟁제한성 등에 대한 경제 분석을 통해 그 위반 여부가 결정되는 행위 유형의 경우에는 명확성이 요구되는 형벌의 부과 대상으로 적합하지 아니한

---

94) 2020년 12월 9일 통과한 공정거래법 개정에서 제·개정 이유로 명시한 내용이다.

측면이 있다. 다음으로 경쟁제한효과가 상대적으로 작은 행위 유형의 경우에는 시정조치 · 과징금 등으로도 규제효과를 거둘 수 있어 형벌의 보충성 원칙에도 반할 우려가 있다.

공정거래법의 일부 형벌 규정을 삭제하는 개정안이 2020년 12월 9일 국회를 통과했다. 이것은 공정거래제도의 정비와 발전이라는 측면에서 중요한 진전이었다. 앞으로 전속고발 규정이 있는 공정거래 분야의 5개 법률에서 형벌 정비가 계속 이루어져야 할 것이다.[95]

다음으로 법집행과정에 경제전문가가 참여하는 문제에 대해서는 법무부나 검찰이 이를 문제라고 인식조차 못하는 것 같다. 공정거래법 위반행위의 경우 대부분 부당성이나 경쟁제한성 등에 대해 경제 분석을 거쳐 위반 여부를 판단하므로 경제 전문가의 실질적인 참여가 필요하다. 경제 전문가가 조직 외부에서 일시적으로 자문하거나 의견을 제공하는 차원이 아니라 조직 내부의 전문 인력으로 의사결정에 직접 참여해야 한다. 따라서 전속고발 폐지 방안을 고민하기에 앞서 경제 전문가의 참여 방안을 마련하는 것이 선행되어야 한다.

2. 전제조건 충족이 어려운 이유

전속고발 폐지를 위한 두 가지 전제조건은 검찰을 비롯한 법조계 입장에서 수용하기 어려운 내용이라고 하겠다.

---

95) 5개 법률 중에서 대규모 유통업법은 법률 제정 과정에서부터 형벌 조항을 최소화했으므로 사실상 4개 법률(하도급법, 표시광고법, 가맹사업법, 대리점법)의 형벌 조항 정비가 필요하다고 하겠다.

첫째, 공정거래법에서 일부 형벌조항을 정비했지만 이는 전속고발 폐지방안과 함께 논의되어 그나마 이루어진 것이라고 하겠다. 즉, 공정거래법 개정안을 마련하는 과정에서 경성담합에 대해 전속고발을 폐지하며 동시에 일부 형벌 조항을 삭제하는데 합의가 이루어졌다. 그런데 2020년 12월 9일 실제 공정거래법이 개정되면서 전속고발 폐지는 무산되고 일부 형벌 조항만 삭제되고 말았다.

이와 같은 공정거래법 개정은 법조계 입장에서 전혀 예상하지 못한 결과였을 것이다. 그러므로 추가적으로 형벌 조항을 정비하기 위한 법 개정안 마련은 아주 어려울 것으로 예상된다. 이에 앞서 무조건 경성담합에 대한 전속고발 폐지를 주장할 것이기 때문이다.

둘째, 법집행에 경제 전문가가 참여하도록 하는 것은 더욱 해결하기 어려운 문제일 것이다. 경제 전문가의 참여가 현재 검찰 인력을 충원하는 방법이나 순환보직 인사 원칙 등과 전혀 어울리지 않기 때문이다. 그리고 전속고발 폐지로 법조계 출신의 이익을 도모하려는 이해관계에도 부합하지 않는 측면이 있을 것이다.

그동안 전속고발 문제를 둘러싸고 여러 가지 논란이 벌어졌는데 폐지론이 힘을 얻기도 했다. 그러나 지금까지 살펴본 전속고발의 기원, 유지해야 할 이유, 폐지 시 부작용, 폐지를 위한 전제조건 등을 충분히 이해했거나 제대로 고려했다면 폐지론을 주장하기 어려울 것이다. 그러므로 전속고발 폐지론은 전속고발 문제의 대안이 되기 어렵다고 하겠다.

2장. 전속고발 문제의 해결책

1. 불공정 행위에 대한 엄정한 제재

전속고발을 폐지하는 것이 대안이 될 수 없다면 다른 대안을 찾아야 할 것이다. 다른 대안이란 전속고발 규정을 유지하면서 공정거래법을 엄정하게 집행하는 것이다.

그동안 전속고발 폐지론자들은 공정위가 불공정행위, 특히 담합에 대해 강력하게 대처하지 않았다면서 폐지를 주장했다. 이들은 '불공정행위에 대한 강력 대처=형사 처벌'로 단순 도식화했고, 이를 위해 검찰 고발이 필요하다고 이해했다.

그러나 공정거래법의 목적은 자유롭고 공정한 시장경쟁 질서를 보호하는 것이다. 이를 위반하여 불공정행위를 하는 기업에게 적절한 행정제재를 하며, 필요한 경우 형사 처벌이 이루어지도록 검찰 고발을 한다.

불공정행위에 대한 강력 대처=엄정 제재이고, 이것은 경제영역에 형사사법의 칼날이 과도하게 개입하여 경제의 활력을 해치지 않도록 하기 위해 시정명령이나 과징금 부과 등의 행정 제재를 원칙으로 한다. 행정제재에 따르지 않거나 행정 제재만으로 그 시정의 효과를 거두기 어려운

경우에 형사 처벌이 필요하고, 이를 위해 검찰에 고발하는 것이다. [96]

그러므로 전속고발을 폐지하여 수사기관이 강력히 대처하도록 해야 한다는 주장은 엉터리 진단에 엉뚱한 처방을 하는 것과 같다. 마치 목장을 지키는 사냥개가 제 역할을 하지 못한다고 사냥개 대신에 도사견이나 늑대에게 목장을 지키도록 맡기는 것에 비유할 수 있다. 사냥개는 추가적인 훈련이나 보강을 통해 목장을 지켜낼 수 있겠지만, 도사견이나 늑대는 한두 마리만 있어도 목장을 공포로 몰아가다 종국에는 목장을 황폐화시킬 수 있기 때문이다.

물론 공정위의 소극적 역할을 비판하는 입장도 타당한 측면이 있다. 그러므로 적절한 개선방안을 모색해야 할 필요가 있다. 지방자치단체의 법집행 참여, 사인의 금지청구 제도 도입, 조직과 인력의 보강 방안 등과 같은 공정위의 법집행 개선 방안이 논의되거나 추진되고 있다. 또한 위반기업에 대한 적극적인 과징금 부과, 3배 손해배상제 도입 등과 같은 제재 강화도 추진되고 있다. 이러한 움직임은 엄정한 공정거래법 집행을 위해 바람직한 방향이라고 하겠다.

---

96) 공정위의 검찰 고발이 낮은 이유는 "공정위가 형벌권 발동의 전제인 전속고발을 일반적으로 다른 통제수단이 효과를 충분히 발휘할 수 없는 경우에만 보충적으로 사용하는 경향, 그리고 경제영역에다 사법의 칼날을 지나치게 휘둘러 경제를 그르치지 않으려는 절제에서 비롯된다"라고 하고, 아울러 개별적인 불공정거래행위의 불법이 갖는 특징으로 이러한 위반행위는 검찰의 수사와 통제가 미칠 수 있는 반경 안에 있는 범죄(예컨대 사기죄)로도 해석될 수 있기 때문이라고 한다. 이에 대해서는 이상돈, 『공정거래형법』, 법문사, 9~10쪽 참조.

2. 공정위에 대한 감시와 견제 강화

공정위의 역할이 계속 강화되면 그 역할에 소홀하거나 다른 비리나 부정에 편승할 가능성이 있다. 그러므로 공정위가 제 기능과 역할을 수행하도록 감시하고 견제하는 것은 아무리 강조해도 지나치지 않을 것이다.

경제규모와 활동이 크고 활발할수록 시장과 거래의 공정성을 확보하는 것은 중요해질 것이고, 이러한 역할을 담당하는 기관이 공정위이다.

공정위의 기능과 역할은 설립 이후 지속적으로 강화되었다. 1980년 공정거래법 제정, 1984년 하도급법, 1999년 표시광고법, 2002년 전자상거래법, 2011년 대규모 유통업법 등의 제정으로 기능이 대폭 확대되었다.[97] 그리고 이러한 업무를 담당하는 직원이 최초 75명 수준에서 시작하여 2005년 484명으로 늘었고, 2020년 기준 648명으로 증가했다.

공정위에 대해 다양한 감시와 견제 대책을 강구하는 것이 당연히 필요하다. 예컨대 검찰이나 경찰과 같은 수사기관의 감시, 국회의 국정감사, 감사원의 업무 감사, 사정기관의 비위 감찰 등이 효과적일 것이다. 그리고 시민단체의 감시활동이나 언론의 비판기사 등도 견제 역할을 충분히 할 수 있다.

또한 제도적인 개선방안을 보강하는 것도 필요할 것이다. 예컨대 2020년 6월 2일 공직자윤리법 시행령 개정으로 공정위 직원에 대한 재산등록이나 취업심사를 강화한 것을 들 수 있다. 이에 따라 공정위 직원의 경우

---

97) 이밖에도 공정위가 소관하는 법률로는 약관규제법(1993년 이관), 카르텔 일괄정리법(1999년 제정), 방문판매법(1999년 이관), 할부거래법(1999년 이관), 가맹사업거래법(2002년 제정), 소비자기본법(2008년 이관), 제조물책임법(2008년 이관), 소비자생활협동조합법(2008년 이관), 대리점법(2015년 제정) 등이 있다.

재산등록 대상이 사건관련 담당자의 경우 5급 이하 7급 이상 직원으로 확대됐고, 취업심사대상도 7급 이상 직원으로 확대되었다.

공정위의 비리 등을 개선하기 위해 감시와 견제를 강화해야 한다는 주장은 타당하지만, 전속고발을 폐지하자는 주장은 타당하지 않다. 전속고발 폐지로 경제 분야에 대한 수사나 제재를 할 수 있는 기관이 늘어나고 담당자가 증가한다면 이들 수사기관과 기업 간 유착이나 비리는 오히려 더 늘어날 것이기 때문이다.

그리고 경제 활동에 대해 수사가 증가하면 이에 대처하기 위해 관련 기업은 막대한 법무비용 등을 지불해야 한다. 이러한 기업의 지출은 결국 제품 가격에 반영되어 소비자가 부담할 것이다. 그러므로 문제 해결을 위한 사회적 비용을 증가시킨다는 측면에서 호미로 막을 일을 가래로 막겠다는 주장에 비유할 수 있다.

3장. 새로운 대안 모색

1. 전속고발 폐지방안의 문제점

"시장의 구조적 불공정성보다 개별거래행위의 불공정성을 시정하는데 집중하는 실무는 '부도덕한 시장 속의 도덕적 개인'이라는 모순적인 인간상을 전제할 수 있다. 공정하기 어려운 구조 속에서 그 구조는 그냥 놔둔 채 개별적인 거래행위만 공정할 것을 요구하는 것은 '집단적 책임의 개별적 귀속'이라는 비판을 면하기 어렵다."

(이상돈, 『공정거래형법』, 법문사, 8쪽)

공정위의 법 집행 현실이 경쟁적 시장구조의 확립보다 개별거래행위의 공정성 확보에 상당히 편향된 모습을 보인다고 평가한 내용이다. 이 내용은 전속고발 폐지에 관한 논의에서도 고민할 필요가 있다. 만약 전속고발이 폐지된다면 시장의 불공정성을 놔두고 개별 불공정행위를 시정하는데 행정제재는 물론 형사처벌까지 가중하는 모순이 발생할 수도 있기 때문이다.

이러한 관점에서 전속고발 폐지방안에 문제점이 있는지 살펴보기로 한다. 공정위와 법무부가 경성담합에 대한 전속고발 폐지방안에 합의했던 것은 2020년 12월 9일 공정거래법 개정이 불발되면서 무용지물이 되었다. 그래도 전속고발 폐지 범위가 적절한 것인지, 폐지 효과가 충분한 것인지 등을 살펴보면서 새로운 대안을 모색해보기로 한다.

먼저 폐지 범위에 대해 살펴보면, 경성담합의 경우 그동안 공정위가 제재한 내용을 유형별로 살펴보면 아래 표와 같다. 1981년부터 2020년까지 전체 담합행위 중에서 경성담합이 91.3%를 차지했는데, 유형별로는 가격담합 46.5%, 입찰담합 38.1%, 시장 분할 4.5%, 공급 제한 2.2%를 차지했다. 그리고 나머지 연성담합은 8.7%였다.

표9 | 유형별 담합 건수 및 비중(1981~2020)

(단위: 건, %)

유형	경성담합					연성담합			
	소계	가격 담합	공급 제한	시장 분할	입찰 담합	소계	판매조건 담합	규격 제한· 회사 설립	사업활동 제한
건수	1,422	724	34	71	593	136	30	44	62
비중	91.3	46.5	2.2	4.5	38.1	8.7	1.9	2.8	4.0

* 2007년 8월 3일 공정거래법이 개정되었고 2007년 11월 4일 이후 시행
〈출처〉 공정거래위원회 2020년 통계연보

이러한 법집행 결과에 비추어 보면 경성담합에 대해 전속고발을 폐지한다는 것은 공정거래법에 규정된 거의 대부분 담합(91.3%)의 전속고발을 폐지한다는 것이었다.

그리고 경성담합 가운데 하나인 입찰담합을 공정거래법에서 처음 규제한 것이 2007년 11월 4일 이후(2007년 8월 3일 법 개정)였고, 본격적인 법 집행은 2009년부터 이루어졌다. 이러한 점을 감안하여 2009년 이후 경성담합을 유형별로 살펴보면 아래 표와 같다. 즉, 2009년부터 2020년까지 경성담합이 94.7%를 차지했고, 유형별로는 입찰담합 66.3%, 가격담합 24.3%, 시장 분할 2.1%, 공급 제한 2.0%를 차지했다. 그리고 나머지 연성담합은 5.3%에 불과했다.

표10 | 유형별 담합 건수 및 비중(2009~2020)

(단위: 건, %)

유형	경성담합					연성담합			
	소계	가격 담합	공급 제한	시장 분할	입찰 담합	소계	판매조건 담합	규격 제한· 회사 설립	사업활동 제한
건수	847	217	18	19	593	47	8	16	23
비중	94.7	24.3	2.0	2.1	66.3	5.3	0.9	1.8	2.6

〈출처〉 공정거래위원회 2020년 통계연보

이와 같은 법집행 결과에 비추어보면 경성담합의 전속고발 폐지는 대부분 담합행위를 형사 처벌 대상으로 하겠다는 것이다. 특히, 입찰담합이 담합 중에서 가장 높은 66.3% 비중을 차지하므로 전속고발 폐지는 입찰 담합을 주로 형사 처벌대상으로 하겠다는 것이다.

그런데 공정거래법에서 입찰담합을 규제하기 이전에는 주로 형법 제315조에 규정된 입찰방해죄로 처벌했다.[98] 이는 입찰담합의 경우 전속고발 폐지 여부와 무관하게 수사기관이 언제든지 수사할 수 있고, 실제로 수사를 했다는 것을 의미한다. 그러므로 경성담합에 대한 전속고발 폐지방안에서 입찰담합을 폐지대상으로 하는 이유를 찾기 어려운 문제가 있다.

다음으로 전속고발을 폐지하면 과연 입찰담합을 효과적으로 방지할 수 있을 것인지 살펴볼 필요가 있다. 왜냐하면 입찰에서 담합이 용이한

---

98) 형법 제315조에 규정된 입찰방해죄 규정은 다음과 같다. 제315조(경매, 입찰의 방해) 위계 또는 위력 기타 방법으로 경매 또는 입찰의 공정을 해한 자는 2년 이하의 징역 또는 는 700만 원 이하의 벌금에 처한다. 〈개정 1995. 12. 29.〉

구조를 그대로 놔둔 채 개별적인 담합에 대해 제재만 강화한다면 소위 '집단적 책임의 개별적 귀속'이라는 비판에 직면할 수도 있기 때문이다.

한국의 경쟁 입찰은 담합이 용이한 구조를 넘어서 사실상 담합을 조장하거나 유도하는 구조라고 할 수 있다. 시장구조나 입찰 행태에 대해 약간의 관심과 경험이 있다면 누구나 동의할 것이다. 이에 대해 살펴보기로 한다.

우선 입찰은 공공부문이나 민간 기업이 대개 구매 또는 공사를 하는 과정에서 이루어진다. 공정위는 특히 공공부문의 담합을 방지하는데 역점을 두어야 한다. 민간부문의 입찰도 대규모 물류회사들의 담합과 같이 경제적 파급력이 크거나, 소규모 사업자일지라도 아파트 유지·보수 사업자들의 담합처럼 소비자에게 피해를 초래하는 경우에는 적극 제재해야 한다.

민간 대기업이 발주처인 대부분 입찰의 경우에는 해당 대기업이 스스로 담합에 대처하도록 해야 한다. 예컨대 아파트를 건설하는 대형 건설사가 발주하는 분야별 소규모 공사의 입찰에서 여러 중소기업들이 담합하는 경우가 있는데, 해당 대형 건설사가 입찰 과정에서 신규 중소기업의 참여 확대 등을 통해 담합이 발생하지 않거나, 담합이 스스로 붕괴하도록 하는 것이 바람직하다. 그리고 공정위는 공공분야 또는 경제적 파급력이 큰 담합에 집중하는 것이 더 바람직할 것이다.

국가·지방자치단체 또는 공기업과 같은 공공부문이 발주하는 사업에서 이루어지는 담합은 국민이 부담하는 세금의 낭비를 초래하므로 공정위가 적극적으로 제재하는 것이 필요하다. 공공부문의 경우 대부분 최저가 입찰을 통해 계약을 하는데, 입찰 참여자들이 치열하게 경쟁하면 눈치싸움 등으로 유찰되는 경우가 생길 수 있다. 입찰이 유찰되면 재입찰

공고 등의 일정한 절차를 거쳐야 하므로 납기가 길어지는 것과 같은 복잡한 문제가 발생한다. 따라서 공공부문에서는 발주처가 들러리 입찰 등을 권유하거나 요청하기도 한다. 또한 발주처와 사업자들이 은밀하게 입찰 정보와 대가 등을 주고받으며 형식적인 입찰이 이루어지는 경우가 빈번하다.

공공부문의 담합은 발주처의 개입이나 관여로 이루어지는 경우가 많은데 적발되어 제재를 받는 것은 오직 낙찰자나 들러리 입찰 참여자들이다. 담합을 권유하거나 조장한 발주자 측은 제재를 받지 않는다. 결국 공공부문에서는 최저가 낙찰제와 들러리 입찰, 입찰 정보 교환 등이 어우러지면서 담합이 용이하거나 심지어 담합을 조장하는 시장구조에서 입찰이 이루어지고 있다.

이러한 상황에서 전속고발이 폐지된다면 발주처나 입찰 참여자들은 형사 제재를 회피하기 위해 더욱 은밀히 거래하거나 담합 증거를 없애는 등의 방식으로 대응할 수밖에 없다. 담합을 조사 또는 수사하는 기관이 1개에서 2개로 늘어나도 적발이 더 어려워지고, 비용은 더 많이 들어가는 결과를 초래할 가능성이 크다. 시장구조를 그대로 두면 전속고발을 폐지하는 효과가 나타나기 어렵다는 문제가 있다.

2. 부실한 진단과 엉뚱한 처방

전속고발 폐지방안은 경성담합으로 한정해도 앞에서 살펴본 곳처럼 폐지 범위나 효과에 문제가 있다고 하겠다. 이를 더 구체적으로 살펴보기로 한다.

우선 경성담합 중 입찰담합을 제외한 가격담합, 시장 분할, 공급 제한과 같은 3개 유형의 전속고발 폐지는 몇 가지 문제점이 있다.

첫째, 이들 유형의 담합은 계속 발생이 줄어들거나 전체 담합에서 차지하는 비중이 아주 낮다. 가격담합은 국제적으로 경제 개방이 급속히 진행되어 해외 사업자의 신규 진입이 활발하고, 소비자들이 해외에서 직접 구매하는 형태로까지 진화하는 등의 영향으로 점점 줄어드는 추세이다. 시장 분할이나 공급 제한은 경성담합이지만 사건 비중이 매우 낮다.

둘째, 3개 유형의 담합에 대해 위법성을 인정하려면 역시 고도의 경제 분석과 경쟁제한성 판단이 필요하다. 예컨대 소주나 식음료 가격을 담합한 경우를 가정해보자. 담합으로 소주 가격을 올리는 경우 소비자가 막걸리, 맥주, 양주 등 다른 술을 마신다면 소주 담합은 이루어지기도 어렵고, 오래 갈 수도 없을 것이다. 탄산음료와 과일 주스, 라면과 국수 가격이 거의 동시에 인상되면 담합인지 여부도 판단하기 어려워진다. 경제 분석을 통해 상품의 대체 관계, 경쟁시장의 범위 등을 확정하고 경쟁제한여부를 판단해야 한다.

셋째, 전속고발 폐지의 대표적인 부작용이라고 할 수 있는 기업 활동의 위축이나 기업 부담의 가중이 우려된다. 수사기관의 별건수사 등 병폐가 별로 개선되지 않은 상황에서 언제 수사기관의 칼이 떨어질지 모르는 불안한 상황이 계속될 수 있다. 이런 불안에 대비하기 위해 기업이 비용을 지출하면 제품 가격에 반영되어 소비자 부담으로 이어질 것이다.

입찰담합에 대한 전속고발 폐지의 경우 위에서 살펴본 것과 같은 문제점은 거의 없다고 할 수 있는데 그 이유는 다음과 같다. 첫째, 입찰담합이 전체 담합 중에서 가장 큰 비중을 차지하고 있고, 적발이 계속 증가하고 있다. 둘째, 입찰담합은 개별 입찰 건을 대상으로 위법 여부를 판단하므로 경제 분석이나 경쟁제한성 판단이 거의 이루어지지 않는다. 셋째, 수사기관의 수사가 개별 입찰 건에 한정될 것이므로 남용 가능성이 크지 않을 것으로 예상된다.

그러나 입찰담합의 전속고발 폐지에는 이미 살펴본 것과 같은 두 가지 의문이 있다. 첫째, 입찰담합에 대해서는 형법 상 입찰방해죄로 수사할 수 있는데 왜 전속고발을 폐지해야 하는지 의문이다. 둘째, 입찰담합이 용이한 시장구조를 방치하면서 담합 행위에 대한 처벌을 강화하면 전속고발 폐지로 효과를 거둘 수 있을지 의문이다.

이처럼 경성담합으로 한정하여 전속고발을 폐지하는 방안도 여러 가지 문제점을 내포하고 있다. 이것은 전속고발 폐지방안이 제대로 된 진단도 없이 엉뚱한 처방으로 만들어졌다는 것을 의미한다. 진단이 부실한 것도 문제겠지만 처방이 엉뚱한 것은 더욱 큰 문제일 것이다.

3. 일본의 철저한 진단과 정확한 처방

일본은 담합, 특히 입찰담합에 대해 철저한 진단과 정확한 처방을 실시하여 성공적으로 대처했다. 이러한 사례는 한국에게 시사하는 바가 있어 자세히 소개한다. 일본은 '담합 천국'이라고 표현될 정도로 담합이 만연한 나라였는데,[99] 특히 공공부문의 건설공사나 구매 입찰이 대부분 담합으로 이루어졌다.

---

99) 楠 茂樹, "入札談合に對する處罰による解決とそれ以外の解決", 産大法學 40卷 1号, 京都産業大學 法學會, 2006.7, 1面.

입찰담합이 빈번하다보니 몇 가지 유형이 있다.[100] 첫째, 입찰 이전에 「○○연구회」와 같이 낙찰 예정자를 결정하기 위한 모임에서 담합하는 사례가 있다. 둘째, 기존의 납품 실적 등을 기초로 산정한 점수(이를 '점수제'라 함) 또는 사전에 정해둔 순번에 따라 낙찰 예정자를 결정하는 경우(이를 '순번제'라 함)도 있다. 셋째, 당번 회사를 정하여 이 회사가 입찰 지명회사 간 회합을 개최하고 각 회사의 희망을 청취하여 수주 예정자와 물량을 결정하기도 한다. 넷째, 발주기관 직원으로부터 낙찰 예정자라는 취지의 연락에 따라 수주 예정자가 결정되기도 한다.

이러한 입찰담합은 공정거래법에 따라 적발되는 경우 과징금 부과와 시정조치의 대상이었다. 일본도 전속고발제도가 있고, 적극적으로 고발하지 않는 관행에 따라 형사 벌칙이 부과된 사례는 드물었다. 입찰담합이 계속되고 이를 적발하여 시정하는 일상이 반복되었다.

이러한 문제가 계속되는 근본 원인은 발주관청과 사업자의 은밀한 관계에 있었다. 이에 대해 수사기관이 개입하고 형사 처벌을 강화한다면 엄청난 인력과 비용이 소요되고, 은밀한 관계를 더욱 더 내밀한 관계로 몰아갈 가능성이 있었다. 일본은 이러한 진단을 바탕으로 위와 같은 은밀한 관계를 효과적으로 차단하는 새로운 입법을 시도했다.

입법을 주도한 것이 정치권이었는데, 공명당(公明黨)이 먼저 나섰다. 공명당은 2000년 여름부터 발주관청이 입찰 담합에 관여하는 것을 차단하는 관제담합 방지법안을 준비하여 2001년 2월 그 골자를 발표했다. 그러자 즉시 자민당(自民黨)과 보수당(保守黨)이 가세하여 공명당을 포함한 3개

---

100) 公正取引委員會 事務總局, "入札談合の防止に向けて ~獨占禁止法と入札談合等關與行爲防止法~", 平成30年(2018) 10月版, 5面.

여당이 함께 프로젝트팀을 설치하여 법안을 마련했다.[101] 2002년 6월 국회에 의원입법 형식으로 제출된 법안이「입찰담합 등 관여행위의 배제 및 방지에 관한 법률」이었고, 7월 24일 본회의를 통과하여 2003년 1월 6일 시행되었다. 일본에서는 이 법을「관제담합 방지법」또는「입찰담합 관여행위 방지법」으로 줄여서 부르고 있다.

이 법의 핵심은 공공기관의 공무원이나 임직원이 입찰담합에 관여하는 행위를 차단하는 것이다. 공공기관이란 각 행정관청, 지방자치단체, 국가 또는 자치단체가 자본금의 1/2 이상 출자하고 있는 법인이다. 입찰담합의 관여행위는 3가지 유형으로 규정하여 ① 담합의 명시적인 지시, ② 낙찰 예정자에 대한 의향을 표시하는 행위(예컨대 사전에 계약상대방이 누구라는 의향이나 취지를 알리거나 시사하는 것), ③ 발주기관의 입찰 또는 계약 관련 비밀 정보를 누설하는 행위로 명시했다.

사건을 조사하여 입찰담합 관여행위가 인정되는 경우 공정거래위원회는 해당기관의 장에게 조사를 실시하여 필요한 개선조치를 검토하고 조사결과 등을 공표하도록 규정했다. 그리고 해당기관의 장에게 직원에 대한 손해배상 청구, 징계사유 해당 여부에 대해 조사하도록 규정했다.

이 법은 발주기관 직원에 대한 처벌을 강화하는 내용으로 개정되었는데 이번에도 의원입법으로 이루어졌다. 법 명칭이「입찰 담합 등 관여행위의 배제 및 방지와 직원에 의한 입찰 등의 공정을 해치는 행위의 처벌에 관한 법률」로 변경되어 2006년 12월 8일 성립되었고, 2007년 3월 14일부터 시행되었다.[102]

---

101) 公明新聞, "官製談合防止法の制定", 2006. 12. 15. 인터넷 기사(www.yahoo.co.jp).
102) 公正取引委員會 事務總局, 前揭 資料, 26面.

주요 개정내용은 발주기관 직원이 담합을 부추기거나 예정가격 기타 입찰 정보를 누설하여 입찰의 공정을 해치는 경우에 5년 이하 징역과 250만 엔 이하의 벌금으로 무겁게 처벌하도록 규정했다. 관여행위의 하나로 입찰담합을 방조(幇助)하는 행위를 추가했고, 법 적용대상으로 국가 또는 지방공공단체가 1/3 이상의 주식을 보유하는 주식회사를 추가했다. 공공기관의 장은 입찰담합 관여행위로 인한 손해 유무를 조사하고, 관여행위를 한 직원의 손해배상액 등을 조사하며, 그 직원의 징계사유를 조사하여 결과를 공표할 의무를 규정했다.

공정거래위원회가 2018년까지 「관제담합 방지법」 위반으로 인정한 사례가 13건이었다. 공정거래위원회가 발주기관에게 개선조치를 요구한 것이 11건, 발주기관이 직원의 배상책임을 조사하여 고의·중과실이 있는 직원에게 손해배상을 청구한 사례가 7건, 발주기관의 직원이 징계사유에 해당하는지를 조사하여 징계처분한 사례가 11건이었다.[103]

그리고 이 법은 입찰담합 위반을 전제로 하지 않고 공정한 입찰 등을 해치는 행위가 처벌 대상이 되며, 전속고발 규정이 없어 검찰이나 경찰과 같은 수사기관이 독자적으로 위법행위를 탐지하여 수사가 이루어지고 있다. 공정거래위원회가 2016년부터 2018년 기간동안 형사처벌된 사례를 파악한 것이 19건에 이를 정도로 많았다.[104] 전·현직 지사를 포함한 발주기관 직원들이 입찰담합에 관여한 행위로 수사를 받거나 형사처

---

103)　公正取引委員會 事務總局, 前揭 資料, 34面~50面.

104)　公正取引委員會 事務總局, 前揭 資料, 51面~53面. 수사기관이 처리한 사례가 언론에 보도된 것을 공정거래위원회가 파악한 것이다.

「관제담합 방지법」위반행위에 대한 수사를 보도한 언론기사들. 이 법은 전속고발 규정이 없어 입찰담합사건에 대해 수사기관이 직접 수사하여 처리한다.

〈출처〉 www.tvkanazawa.co.jp / www.komei.or.jp

벌을 받았다는 기사가 수시로 보도되고 있다.

일본은 공공분야에서 빈번하던 입찰담합에 대처하기 위해 발주기관과 사업자의 은밀한 관계를 차단하는데 초점을 맞추었다. 발주기관의 수많은 직원들이 담합의 주도자 또는 조력자에서 감시자가 되도록 바꿨다. 수사기관의 개입을 최소화하면서 담합이 용이한 입찰 시장을 담합이 어려운 구조로 만들었다. 철저한 진단과 정확한 처방이 낳은 당연한 결과였다.

4. 대통령 선거공약의 이행방안: 새로운 대안

전속고발 폐지가 대통령 선거공약으로 채택되고 그 이행방안을 너무 서둘러 마련하면서 여러 가지 일들이 일어났다. 공정위 수사, 사실상 합의 없는 합의문 작성, 국회 논의과정에서의 폐지→유지 급선회 등을 들 수 있다. 그리고 대통령 공약에도 불구하고 전속고발은 일단 현행대로 유지되고 말았다.

마지막으로 대통령 공약을 이행하는 방안에 대해 살펴볼 필요가 있다. 제19대 대통령 선거에서 문재인 후보의 선거공약을 살펴보면 "공정위의 '전속고발권'제도를 폐지"라면서 "「공정거래법」 등의 법 위반행위로 피해를 입은 자는 누구든지 자유롭게 고발할 수 있도록 하여 …"라고 했다. 이 공약이 공정거래 관련 6개 법률에서 규정한 전속고발 조항을 전반적으로 폐지하는 내용이라면 이는 전속고발의 의미를 제대로 이해하지 못한 상태에서 만들어진 공약이었다. 그러므로 이 공약 중에서 이행 가능한 범위를 찾아내는 것이 공약을 이행하는 과제일 것이다. 왜냐하면 공약과 이를 이행하는 것은 다른 차원의 문제이기 때문이다.

전속고발 폐지라는 대통령 공약은 이행 가능한 범위 내에서 폐지해야 하는 일정한 내재적 한계가 있다고 하겠다. 그럼에도 불구하고 공정위 스스로가 2018년 업무계획에서 표시광고법, 유통 3법(가맹·유통·대리점), 하도급법의 기술 유용행위 부분의 전속고발을 우선 폐지하기로 발표하기도 했다. 그리고 검찰은 공약 이행을 배경으로 공정위를 압박하기 위해 무리한 수사를 하기도 했다. 두 기관이 모두 선거공약의 이행에 급급했지 그 공약의 한계에 대해서는 별 관심을 두지 않았던 것이다.

대통령 선거 공약의 내재적 한계를 인식하면서 전속고발 폐지를 논의한 출발점이 공정거래법에 규정된 경성담합에 대한 전속고발 폐지였다. 이를 폐지하는 것은 실질적으로 공정거래법 위반행위 전반에 대한 전속고발을 폐지하는 것이나 마찬가지라고 할 수 있다. 따라서 경성담합에 대한 전속고발 폐지는 대통령 공약을 실질적으로 이행하는 것으로 평가할 수 있을 것이다.

그러나 경성담합에 한정하는 전속고발 폐지도 경제활동 위축 등과 같은 부작용이나 문제점을 야기한다는 점에서 다른 위반 유형이나 법률의 전속고발 폐지와 동일하다. 그러므로 공약 이행에 급급하지 말고 전속고발 폐지 방안을 모색하는 것이 바람직할 것이다. 특히 전속고발 유지로 공정위가 과소집행하는 문제점이 있다면 이를 개선하고, 폐지로 수사기관이 과다집행하는 부작용이 예상된다면 이를 최소화할 필요가 있다.

이러한 측면을 고려하여 대통령 공약의 이행방안으로 고려할 수 있는 것은 입찰담합에 대한 전속고발 폐지일 것이다. 우선 담합 중에서 가장 큰 비중을 차지하는 것이 입찰담합이므로 전속고발을 폐지하는 의미가 있다. 공공분야의 입찰담합은 국민 세금의 낭비 등을 초래하므로 엄정한 법집행이 필요하지만 공정위의 적극적이고 신속한 집행에 어려움이 있기도 하다.

입찰담합은 경제 분석이나 경쟁제한성 판단이 거의 이루어지지 않는 분야이기도 하여 수사기관이 효과적으로 집행할 수도 있다. 입찰담합의 경우 개별 입찰 단위로 수사가 이루어질 것이므로 별건 수사 등의 가능성이 상대적으로 크지 않다. 그래서 수사기관의 남용 가능성이 크지 않고, 수사를 받는 기업에게도 부담이 적을 것이다. 또한 입찰담합은 수사기관이 현행 형법상 입찰방해죄 등으로 수사할 수 있는 분야이지만 전속고발 폐지로 자진신고 정보의 활용 등이 가능하도록 공정위와 협력방안을 마련한다면 입찰담합에 더욱 효과적으로 대응할 수도 있다.

이와 함께 담합하기 어려운 시장구조를 만드는 것이 전속고발 폐지보다 선행될 필요가 있다. 제재를 강화하기에 앞서 담합하기 어려운 시장구조를 만드는 것이 근본적이고 효율적인 방안이기 때문이다. 이를 위해 일본의 「관제담합 방지법」과 같은 입법이 이루어진다면 담합행위를 근본적으로 차단할 수 있을 것이다.

전속고발 폐지라는 대통령 공약의 이행방안은 새로운 대안으로 추진되어야 할 것이다. 이를 위해 입찰 담합이 이루어지기 어려운 시장구조를 만들기 위한 입법이 먼저 추진되어야 한다. 그리고 입찰담합에 대한 전속고발 폐지방안을 공정위와 법무부가 상호 협의하여 마련해야 한다. 이러한 제도개선이 대통령 공약을 충실하게 이행하는 것이라고 하겠다.

누구를 위한 전속고발 폐지인가

전속고발 폐지론자들이 내세우는 가장 큰 이유는 바로 공정위가 법집행을 독점하며 고발을 적게 해 공정거래질서가 뿌리내리지 못한다는 것이다. 그리고 공정위와 대기업의 유착 의혹이나 사례를 지적하기도 한다. 전속고발에 따라 공정거래법이 과소집행(Under enforcement)되고 있으니 이를 폐지해야 한다는 것이다.

전속고발을 폐지하면 과소집행 문제를 일거에 해결할 수도 있을 것이다. 그러나 얼핏 생각해도 과다집행(Over enforcement)을 비롯한 여러 가지 심각한 부작용이 생긴다는 것을 알 수 있다. 공정위라는 단일 기관이 약 6백여 명으로 집행하던 법에 수천 명의 검찰과 10만 명이 넘는 경찰이 이중으로 뛰어드는 형태가 된다. 이렇게 되면 상상할 수도 없는 많은 문제나 부작용을 초래할 것이 명약관화하다.

공정거래법의 과소집행이 일부 중소기업이나 소비자에게 피해를 초래하기도 한다. 이런 문제를 개선하기 위해 적절한 대책을 마련하는 것은 그것대로 필요하다. 예컨대 법집행 방식이나 절차 개선, 인력 보강 등을 통해 비교적 용이하게 개선할 수 있다. 그리고 공정위와 대기업의 유착 의혹이 있다면 수사기관에서 엄정히 처리하면 될 사항이다.

그런데 개선방안의 하나로 전속고발을 폐지하려는 것은 전혀 맞지 않는다. 목장의 사냥개 몇 마리가 소나 양을 제대로 지키지 못한다고 사냥개보다 훨씬 많은 도사견이나 늑대를 풀어놓지는 않을 것이다.

과다집행의 폐해나 부작용이 훨씬 심각하고, 이를 막아내기가 더 어려울 뿐만 아니라 원 상태로 되돌리는 것이 힘들거나 불가능하다. 경제가 무너지고 기업이 쓰러져야 해결될 문제일 것이다. 또한 수많은 수사기관 공무원과 대기업의 유착 의혹에 대한 대책 마련은 불가능에 가깝다.

그래서 공정거래법을 집행하는 전 세계 모든 국가들이 기존에 형사사법기관이 있을지라도 별도의 집행기관을 설치하고 있는 것이다. 수사기관이 경제활동에 직접 개입하는 것이 경제의 활력을 저해하고, 기업과의 유착 같은 부작용을 가져오기 때문에 이를 차단하려는 것이다.

일부 전속고발 폐지론자들이 미국의 경우 형사사법기관이 법을 집행한다고 내세운다. 그러나 미국조차도 역사적으로 살펴보면 먼저 검찰이 형사절차로 집행했지만 경제 활동에 부적절한 영향을 미치는 문제가 있어서 나중에 연방거래위원회(FTC)라는 독립적인 집행기관을 설치하여 집행하고 있다.

미국에서 시작된 공정거래제도는 다른 나라로 전파됐는데 모두 형사사법기관에서 집행한 것이 아니라 별도의 집행기관을 설치했다. 이것이 세계 공동의 집행방식, 즉 글로벌 표준(Global Standard)이다. 미국 집행방식을 내세우며 전속고발 폐지를 주장하는 것은 이해하기 어렵다.

그러면 전속고발 폐지의 피해자는 누구이고 수혜자는 누구일지 간략히 살펴보자. 전속고발 폐지로 공정거래법이 과다집행되면 직접 피해자는 두말할 필요도 없이 기업이다. 수사기관이라는 '다모클레스의 칼'이 언제 떨어질지 모르는 상태에서 기업 경영은 활력을 잃게 될 것이다. 기업이 힘들어지면 경제 전체가 어려워질 것이고, 그 피해는 소비자에게로 연결될 것이다. 결국 국민 모두가 피해자가 된다는 것이다.

전속고발이 폐지되면 일부 중소기업이나 소비자들은 불공정 행위의 피해를 받지 않아 수혜자가 될 수도 있다. 그러나 과다집행의 폐해나 부작용이 발생하면 수혜자의 입장은 오래가기 어려울 것이다. 한편, 공정거래법이 과다집행되면 법조분야의 활동이 매우 활발해지면서 이들을 위한 큰 시장(Big Business)이 만들어질 것이다. 전속고발 폐지의 확실한 수혜자는 법조계가 된다는 것이다.

대부분의 전문가들은 이론적으로나 역사적으로는 물론 현실적으로 공정거래법 집행은 형사사법기관이 아니라 별도의 집행기관에서 이루어져야 한다는 입장이다. 다른 의견을 제시하는 경우가 일부 법조계에서 시작되어 정치권, 시민단체, 언론으로 퍼져나갔을 뿐이다. 그동안 전속고발 문제는 일부 법조계의 목소리에 지나치게 치우쳐 논의된 측면이 있었다.

전속고발 조항은 경제 활동에 대한 법집행방식을 결정해온 핵심 조항이다. 이 조항이 갖는 중요한 의미를 깊이 이해할 필요가 있다. 섣부른 판단으로 폐지할 조항이 결코 아니고, 일단 폐지되면 경제에 회복하기 어려운 치명타로 작용할 것이다.

공직자윤리법 위반 사건 판결

① **서울중앙지방법원 판결**(2019.1.31)

② **서울고등법원 판결**(2019.7.26)

③ **대법원 판결**(2020.2.13)

① 서울중앙지방법원 판결(2019.1.31)

< 피고인 지철호의 공직자윤리법 위반 사건에 대해 서울중앙지방법원 제32형사부가 2019년 1월 31일 판결한 것임 > (피고인 지철호 부분만 발췌)

6. 피고인 OOO, OOO, 지철호, OOO에 대한 각 공직자윤리법 위반의 점

가. 관련 법리

1) 죄형법정주의는 국가형벌권의 자의적인 행사로부터 개인의 자유와 권리를 보호하기 위하여 범죄와 형벌을 법률로 정할 것을 요구한다. 그러한 취지에 비추어 보면 형벌법규의 해석은 엄격하여야 하고, 명문의 형벌법규의 의미를 피고인에게 불리한 방향으로 지나치게 확장해석하거나 유추해석하는 것은 죄형법정주의의 원칙에 어긋나는 것으로서 허용되지 아니하나(대법원 2017. 9. 21. 선고 2017도7687 판결 등 참조), 형벌법규의 해석에서도 법률문언의 통상적인 의미를 벗어나지 않는 한 그 법률의 입법취지와 목적, 입법연혁 등을 고려한 목적론적 해석이 배제되는 것은 아니다(대법원 2003. 1. 10. 선고 2002도2363 판결 등 참조).

2) 직업의 자유는 하나의 통일적인 생활과정으로서의 직업활동의 자유로서, 직업선택의 자유와 직업수행의 자유 및 직장선택의 자유 등을 포괄한다고 보는 것이 일반적이다. 그런데 이러한 직업의 자유도 무제한의 자유는 아니고 헌법 제37조 제2항의 일반적 법률유보 아래 놓여 있어서 '국가안전보장·질서유지·공공복리'를 위하여 필요한 경우 법률로써

제한할 수 있는바, 그 경우 제한의 방법이 합리적이어야 함은 물론 과잉금지 원칙에 위배되거나 권리의 본질적인 내용을 침해하여서는 아니된다(헌법재판소 2003. 9. 25. 선고 2002헌마519 전원재판부 결정 등 참조).

3) 형법 제16조에서 자기가 행한 행위가 법령에 의하여 죄가 되지 아니한 것으로 오인한 행위는 그 오인에 정당한 이유가 있는 때에 한하여 벌하지 아니한다고 규정하고 있는 것은 일반적으로 범죄가 되는 경우이지만 자기의 특수한 경우에는 법령에 의하여 허용된 행위로서 죄가 되지 아니한다고 그릇 인식하고 그와 같이 그릇 인식함에 정당한 이유가 있는 경우에는 벌하지 아니한다는 취지이다(대법원 1992. 5. 22. 선고 91도2525 판결, 대법원 2002. 5. 14. 선고 2002도344 판결 등 참조). 그리고 이러한 정당한 이유가 있는지 여부는 행위자에게 자기 행위의 위법의 가능성에 대해 심사숙고하거나 조회할 수 있는 계기가 있어 자신의 지적 능력을 다하여 이를 회피하기 위한 진지한 노력을 다하였더라면 스스로의 행위에 대하여 위법성을 인식할 수 있는 가능성이 있었음에도 이를 다하지 못한 결과 자기 행위의 위법성을 인식하지 못한 것인지 여부에 따라 판단하여야 할 것이고, 이러한 위법성의 인식에 필요한 노력의 정도는 구체적인 행위정황과 행위자 개인의 인식능력 그리고 행위자가 속한 사회집단에 따라 달리 평가되어야 한다(대법원 2006. 3. 24. 선고 2005도3717 판결 등 참조).

나. 관련 법률 규정[1]

■ 공직자윤리법

제17조(퇴직공직자의 취업제한)

① 등록의무자(이하 이 장에서 "취업심사대상자"라 한다)는 퇴직일부터 3년간 퇴직 전 5년 동안 소속하였던 부서 또는 기관의 업무와 밀접한 관련성이 있는 다음 각 호의 어느 하나에 해당하는 기관(이하 "취업제한기관"이라 한다)에 취업할 수 없다. 다만, 관할 공직자윤리위원회의 승인을 받은 때에는 그러하지 아니하다.

1. 자본금과 연간 외형거래액이 일정 규모 이상인 영리를 목적으로 하는 사기업체

2. 제1호에 따른 사기업체의 공동이익과 상호협력 등을 위하여 설립된 법인·단체

④ 제1항에 따른 취업 여부를 판단하는 경우에 「상법」에 따른 사외이사나 고문 또는 자문위원 등 직위나 직책 여부 또는 계약의 형식에 관계 없이 취업제한기관의 업무를 처리하거나 취업제한기관에 조언·자문하는 등의 지원을 하고 주기적으로 또는 기간을 정하여 그 대가로서 임금·봉급 등을 받는 경우에는 이를 취업한 것으로 본다.

제18조(취업제한 여부의 확인 및 취업승인)

① 취업심사대상자가 퇴직일부터 3년 동안 취업제한기관에 취업을 하

---

[1] 현행 법률을 기준으로 한다.

려는 경우에는 국회규칙, 대법원규칙, 헌법재판소규칙, 중앙선거관리위원회규칙 또는 대통령령으로 정하는 바에 따라 퇴직 당시 소속되었던 기관의 장을 거쳐 관할 공직자윤리위원회에 제17조제2항 및 제3항에 따라 취업이 제한되는지를 확인하여 줄 것을 요청하여야 한다. 다만, 제17조제1항 단서에 따라 취업승인을 받으려는 경우에는 그러하지 아니하다.

제29조(취업제한, 업무취급 제한 및 행위제한 위반의 죄)

다음 각 호의 어느 하나에 해당하는 자는 2년 이하의 징역 또는 2천만 원 이하의 벌금에 처한다.

1. 제17조제1항을 위반하여 취업제한기관에 취업한 사람

제30조(과태료)

③ 다음 각 호의 어느 하나에 해당하는 사람에게는 1천만 원 이하의 과태료를 부과한다.

2. 제18조제1항을 위반하여 취업제한 여부의 확인을 요청하지 아니하고 취업제한기관에 취업한 사람

■ 공직자윤리법 시행령

제33조(취업이 제한되는 사기업체등의 규모 및 범위)

② 법 제17조제1항제2호에 따른 법인·단체(이하 "협회"라 한다)의 범위는 같은 항 제1호에 따라 취업이 제한되는 사기업체가 가입하고 있는 협회(해당 협회가 가입한 협회를 포함한다)로 한다.

■ 독점규제 및 공정거래에 관한 법률

제36조(공정거래위원회의 소관사무)

공정거래위원회의 소관사무는 다음 각호와 같다.

1. 시장지배적지위의 남용행위 규제에 관한 사항

2. 기업결합의 제한 및 경제력집중의 억제에 관한 사항

3. 부당한 공동행위 및 사업자단체의 경쟁제한행위 규제에 관한 사항

4. 불공정거래행위 및 재판매가격유지행위 규제에 관한 사항

6. 경쟁제한적인 법령 및 행정처분의 협의·조정등 경쟁촉진정책에 관한 사항

7. 기타 법령에 의하여 공정거래위원회의 소관으로 규정된 사항

제48조의2(한국공정거래조정원의 설립 등)

① 다음 각 호의 업무를 수행하기 위하여 한국공정거래조정원을 설립한다.

　　1. 제23조(불공정거래행위의 금지)제1항을 위반한 혐의가 있는 행위와 관련된 분쟁의 조정

　　2. 다른 법률에서 조정원으로 하여금 담당하게 하는 분쟁의 조정

　　3. 시장 또는 산업의 동향과 공정경쟁에 관한 조사 및 분석

　　4. 사업자의 거래 관행과 행태의 조사 및 분석

　　5. 그 밖에 공정거래위원회로부터 위탁받은 사업

■ 하도급거래 공정화에 관한 법률(이하 '하도급법'이라고 한다)[2]

제24조(하도급분쟁조정협의회의 설치 및 구성 등)

① 「독점규제 및 공정거래에 관한 법률」 제48조의2에 따른 한국공정거래조정원 및 대통령령으로 장하는 사업자단체는 하도급분쟁조정협의회(이하 "협의회"라 한다)를 설치하여야 한다.

제24조의4(분쟁의 조정 등)

① 협의회는 공정거래위원회 또는 분쟁당사자가 요청하는 원사업자와 수급사업자 간의 하도급거래의 분쟁에 대하여 사실을 확인하거나 이를 조정한다. 다만, 원사업자와 수급사업자가 각각 다른 협의회에 분쟁조정을 요청한 경우에는 수급사업자가 분쟁조정을 요청한 협의회가 이를 담당한다.

② 협의회는 분쟁당사자로부터 분쟁조정을 요청받은 때에는 지체 없이 그 내용을 공정거래위원회에 보고하여야 한다.

③ 협의회는 조정이 성립된 경우에는 조정에 참가한 위원과 분쟁당사자가 서명 또는 기명날인한 조정조서를 작성한 후 그 사본을 첨부하여 조정결과를 공정거래위원회에 보고하여야 한다.

④ 협의회는 조정의 요청을 받은 날부터 60일 이내에 조정이 성립되지 아니한 경우에는 조정경위와 관계 서류를 첨부하여 공정거래위원회에 보고하여야 한다.

---

2) 2015. 7. 24. 법률 제13451호로 개정되기 전의 것

⑤ 공정거래위원회는 제2항에 따라 보고를 받은 경우 해당 분쟁에 대
한 조정절차가 종료될 때까지는 해당 분쟁의 당사자인 원사업자에
게 제25조제1항에 따른 시정조치를 권고하거나 명하여서는 아니
된다. 다만, 공정거래위원회가 이미 제22조제2항에 따라 조사 중
인 사건에 대하여는 그러하지 아니하다.

제25조(시정조치)

② 제24조의4제1항에 따라 협의회의 조정이 이루어진 경우에는 특별
한 사유가 없으면 협의회가 조정한 대로 공정거래위원회가 제1항
에 따라 시정에 필요한 조치를 한 것으로 본다.

(중간 생략)

마. 피고인 지철호에 대한 공직자윤리법위반의 점

1) 공소사실의 요지

피고인은 1986. 4. 7.경 총무처 행정사무관으로 임용된 이후 1995.
8. 3.경부터 2015. 9. 3.경(퇴직일)까지 공정위에 재직하는 과정에서,
2009. 9. 28.경부터 2011. 5. 24.경까지 경쟁정책국장으로 근무하면서,
경제력집중 억제시책 관련 법령 위반사항, 독점규제 및 공정거래에 관한
법률에 따른 지주회사와 관련 법령 위반사항, 기업결합 제한규정 위반사
항등에 대한 조사·시정조치·과징금 부과 및 이행 확인 등의 업무를 담
당하였고, 2011. 5. 24.경부터 2012. 9. 4.경까지 기업협력국장으로 근무

하면서 공정위로부터 업무위탁을 받은 중소기업중앙회 하도급분쟁조정협의회에의 분쟁조정 의뢰, 가맹사업거래의 공정화에 관한 법률 위반사항, 부당한 경품류 제공 행위에 대한 조사·시정조치·과징금 부과 및 이행 확인, 대규모 소매점, 유통업·가맹사업 및 이와 비슷한 형태의 사업자의 불공정거래행위에 대한 규제 등의 업무를 담당하였고, 2012. 9. 4.경부터 2015. 9. 3.경까지 상임위원(별정직 고위공무원단 가등급)으로 근무하면서 공정위의 시장지배적 지위의 남용행위 규제에 관한 사항, 기업결합의 제한 및 경제력집중의 억제에 관한 사항, 부당한 공동행위 및 사업자단체의 경쟁제한행위 규제에 관한 사항, 불공정거래행위 및 재판매가격유지행위 규제에 관한 사항 등 공정거래 관계 법령 위반행위 사건의 심리·심판 등과 관계되는 업무 전반을 총괄, 관리하였다.

이와 같이 피고인은 2015. 9. 4.경 공정위를 퇴직하기 전 5년 동안 사기업체가 회원으로 가입되어 있는 중소기업중앙회 및 위 중소기업중앙회 회원인 사기업체에 대한 조사·처분·의결 등의 업무, 중소기업중앙회가 설치·운영하고 있는 하도급분쟁조정협의회에 대한 보조금 지급 관련 업무 등을 담당하였음에도 불구하고, 퇴직 후 3년이 경과하기 전인 2017. 1. 1.경 공정위 조사·처분·의결의 당사자이거나 이해관계가 있고, 공정위로부터 보조금 등을 지급받는 중소기업중앙회의 '상임감사'로 취업하여 그때부터 2018. 1. 18.경까지 재직하였다.

이로써 피고인은 관할 공직자윤리위원회의 승인을 받지 아니하고 취업제한기간 내에 퇴직 전 소속하였던 부서 또는 기관의 업무와 밀접한 관련성이 있는 취업제한기관에 취업하였다.

2) 판단

가) 중소기업중앙회가 취업제한기관에 해당하는지 여부

(1) 피고인이 중소기업중앙회에 취업하던 당시 시행되던 공직자윤리법 제17조 제1항 제2호는 취업제한기관의 하나로서, "제1호[3]에 따른 사기업체의 공동이익과 상호협력 등을 위하여 설립된 법인·단체"를 규정하고 있고, 구 공직자윤리법 시행령(2018. 7. 2. 대통령령 제29013호로 개정되기 전의 것) 제33조 제2항은 위 규정에 따른 법인·단체의 범위에 대하여 "제1호[4]에 따라 취업이 제한되는 사기업체가 가입하고 있는 협회로 한다"고 규정하고 있었다. 한편 위 공직자윤리법 시행령 제33조 제2항은 피고인이 중소기업중앙회에 취업한 이후인 2018. 7. 2. 대통령령 제29013호로 "제1호에 따라 취업이 제한되는 사기업체가 가입하고 있는 협회(해당 협회가 가입한 협회를 포함한다)로 한다"로 개정되어 현재로서는 협회가 가입한 협회(이하 '협회의 협회'라고 한다)도 취업제한기관에 해당하는 것으로 명시적으로 규정하고 있다.

중소기업중앙회는 중소기업협동조합법에 따라 설립된 중소기업협동조합으로서 '회원 상호간의 협동정신에 의거하여 조직적인 단체 활동을 강화함으로써 중소기업의 경제적 기회균등과 자주적인 경제활동을 북돋아 그 경제적 지위 향상과 국민경제의 균형있는 발전을 도모함'을 목적으로 하고, 그 정회원 자격을 연합회, 전국조합, 지방조합, 사업조합,

---

3) 자본금과 연간 외형거래액(「부가가치세법」 제29조에 따른 공급가액을 말한다)이 일정 규모 이상인 영리를 목적으로 하는 사기업체

4) 자본금이 10억 원 이상이고 연간 외형거래액(부가가치세가 면세되는 경우에는 그 면세되는 수입금액을 포함한다)이 100억 원 이상인 영리를 목적으로 하는 사기업체

중소기업관련단체, 협동조합 기본법 제71조 제1항에 따라 설립된 협동조합연합회로 한정하고 있다(중소기업협동조합법 제99조 제2항).

위와 같은 규정 내용과 앞서 본 형벌규정 해석에 관한 법리, 공직자윤리법 시행령의 개정 경과, 공직자윤리법의 문언과 체계, 중소기업중앙회의 특성 등을 종합하여 보면, 중소기업중앙회는 이른바 협회의 협회로서 구 공직자윤리법 시행령 제33조 제2항에 정한 '사기업체가 가입하고 있는 협회'에 해당한다고 보기는 어렵다.

(2) 이에 더하여 검사는 중소기업중앙회의 특별회원으로 취업제한기관에 해당하는 시중은행이 가입되어 있다는 이유로 중소기업중앙회 역시 취업제한기관에 해당한다고 주장한다. 그러나 ① 중소기업중앙회는 정회원 외에 특별회원을 받을 수 있지만 특별회원의 자격을 '정관으로 정하는 바에 따라 경제단체와 중소기업 관련 단체 또는 중소기업 관련 기관 등'으로 한정하고 있는 점(중소기업협동조합법 제99조 제1항, 제3항), ② 정회원의 수는 500개 이상인 데 반하여 특별회원의 수는 30개에 불과하고 그중에는 취업제한기관에 해당하는 시중은행도 있지만 기술보증기금, 신용보증기금, 대한상공회의소, 대한변리사회, 벤처기업협회, 한국무역협회, 한국중소기업학회 등도 있는 점, ③ 중소기업중앙회에서는 정회원만이 의결권과 선거권을 가지고 있고 특별회원은 의결권과 선거권도 가지고 있지 않은 점(중소기업협동조합법 제100조 제1항, 정관 제47조), ④ 나아가 중소기업중앙회에 대하여 중소기업협동조합의 조합원에 관한 규정을 준용하면서 '조합원'을 '정회원'으로 본다고 규정하고 있는 점(중소기업협동조합법 제102조), ⑤ 실제에 있어서도 특별회원이 중소기업중앙회에서 별다른 활동을

하지 않고 있고 중소기업중앙회도 특별회원을 위하여 어떠한 활동을 하고 있지는 않은 점 등을 종합하면, 중소기업중앙회가 공직자윤리법상 취업제한기관에 해당하는지 여부는 실질적인 정회원을 기준으로 판단하여야 한다.

(3) 따라서 중소기업중앙회는 협회의 협회로서 구 공직자윤리법에서 정한 취업제한기관에 해당하지 않는다고 봄이 타당하므로, 검사가 제출한 증거만으로는 피고인이 공직자윤리법을 위반하여 취업제한기관에 취업하였다고 보기는 어렵고, 달리 이를 인정할 증거가 없다.

나) 법률의 착오에 해당하는지 여부

설령 중소기업중앙회가 구 공직자윤리법 시행령상의 취업제한기관에 해당한다고 하더라도, 이 사건 기록에 의하여 인정되는 다음과 같은 사정, 즉 ① 피고인은 2015. 9. 4. 공정위를 퇴직한 이후 2016. 6. 20. 중소기업중앙회 공정거래분야 자문위원으로 위촉받아 활동을 하다가 2016년 11월경 중소기업중앙회 박성택 회장으로부터 상임감사직을 제안받게 되었던 점, ② 피고인이 공직자윤리위원회에 취업심사를 신청할 시간적 여유가 충분히 있었고 특별히 신청하지 않을 사정이 없었음에도 취업심사를 신청하지 않고 중소기업중앙회에 취업하게 되었는데 그 가장 큰 이유는 위 구 공직자윤리법 시행령이 협회의 협회에 대해서 명확하게 취업제한기관에 해당한다고 규정하지 않고 있었기 때문인 것으로 보이는바, 이러한 입법의 불비를 피고인의 귀책으로 돌리기는 어려운 점 (피고인의 취업 이후에 위 시행령 규정이 개정되었음은 앞서 본 바와 같다), ③ 피고인은 중소기업중앙회 감사로 취업하기 전에 중소기업중앙회 인사팀 박미화 부장에게 중소기업중앙회가 취업제한기관에 해당하는지 문의하였고, 박미화는 2016. 12. 6. 피고인에게 '중소기업중앙회와 중소기업청은, 중소기업중앙회에 영리사기업체가 회원으로 가입할 수 없고, 중소기업중앙회는 인사혁신처에서 고시하는 취업제한기관 명단에 포함되지 않았으며, 중소기업협동조합법 제99조의2에 의하면 중소기업중앙회는 중소기업자를 준회원으로 할 수는 있으나 현재 중소기업중앙회 정관에 준회원에 대한 내용이 없음을 근거로 중소기업중앙회는 퇴직공직자 취업심사 대상에 해당하지 않는 것으로 판단한다'는 내용의 이메일을 보냈던 점(증거기록 I 권 제8408쪽), ④ 또한 피고인은 2016. 12. 6. 공정위의 취업심사 업무를 담당하는 감사담당관 조홍선에게 중소기업중앙회가 취업제한기관에 해당하는지 검토해달라고 요청하였고, 조홍선은 감사담당관실 직원인 김종선에게 지시하여 김종선으로부터 '중소기업청 감사담당관실 및 인사혁신처에 문의한 결과 중소기업중앙회는 취업제한기관에 해당하지 않는다'는 보고를 받고 이를 피고인에게 알려주었던 점, ⑤ 공정위 부위원장이넌 신영선이 2018. 3. 5. 중소기업중앙회 상근부회장으로 취업하기 전까지는 중소기업중앙회에 취업한 퇴직공직자들 중 취업심사를 받은 사례가 없었던 점(신영선도 공직자윤리위원회에서 2017년 하반기경 피고인의 중소기업중앙회 취업이 문제된 이후에 취업하게 된 것이다), ⑥ 공직자윤리위원회는 2018. 2. 28. 피고인에게 공직자윤리법 제30조 제3항 제2호의 과태료를 부과하지 않기로 결정하였는데, 그 이유는 공직자윤리법 시행령 제33조 제2항에 따른 협회의 범위에 협동조합이 회원으로 가입되어 있는 경우가 명시되지 않아 피고인이 사전에 중소기업중앙회를 취업제한기관으로 인지하기 어려웠다는 것이 고려되었기 때문인 점, ⑦ 위 공직자윤리위원회 업무를 담당하였던 인사혁신처 사무관 김광진은 '취업제한기관임을 몰랐다는 주장을 받아들여 과태료를 면제한 사례는 피고인 이외에는 없었던 것으로 안다', '인사혁신처에서 중소기업중앙회가 취업제한기관에 해당하는지에 관하여 법무법인 3곳으로부터 자문을 받았는데 그중 2곳은 해당하지 않는다고 답변하였다'는 취지로 진술하고 있는 점, ⑧ 한편 특별회원 명단은 중소기업중앙회 홈페이지에 게재되어 있지도 않고 중소기업중앙회에서 특별회원을 위하여 별다른 활동을 하지도 않고 있어 중소기업중앙회 직원인 박미화 조차도 시중은행이 중소기업중앙회의 특별회원이라는 사실을 모르고 있었던 점(다만 중소기업중앙회 경제정책본부장인 김경만은 시중은행이 특별회원이라는 사실을 알고 있었다고 진술하고 있다) 등을 종합하면, 피고인이 중소기업중앙회가 취업제한기관에 해당하지 아니한 것으로 오인한 행위는 그 오인에 정당한 이유가 있는 경우에 해당한다고 보이는바, 이러한 점에서도 피고인을 공직자윤리법위반죄로 처벌할 수 없다.

3) 소결론

그렇다면 이 부분 공소사실은 범죄의 증명이 없는 경우에 해당하여 형사소송법 제325조 후단에 따라 무죄를 선고하고, 형법 제58조 제2항에 따라 이 부분 판결의 요지를 공시한다.

② 서울고등법원 판결(2019.7.26)

〈피고인 지철호의 공직자윤리법 위반 사건에 대한 원심 판결 중 검사의 항소에 대해 서울고등법원 제4형사부가 2019년 7월 26일 판결한 것임〉

(피고인 지철호 부분만 발췌)

검사의 항소이유의 요지

(가) 중소기업중앙회는 피고인과 업무관련성이 인정되는 기업들이 조합 등을 통해 회원으로 가입하였거나 피고인과 업무관련성이 인정되는 시중은행이 특별회원으로 직접 가입한 단체이므로 공직자윤리법령에서 규정하고 있는 취업제한기관에 해당한다.

(나) 피고인이 중소기업중앙회에 취업심사를 받지 아니하여도 된다고 생각한 것은 법률의 부지에 불과하고, 설령 법률의 착오라 하더라도 정당한 이유가 인정되지 않는다.

항소이유에 대한 판단

원심이 적절히 설시한 사정들에다가 다음의 사정들을 보태어 보면, 협회의 협회가 구 공직자윤리법 시행령(2018. 7. 2. 대통령령 제29013호로 개정되기 전의 것, 이하 같다) 제33조 제2항에 포섭된다거나, 시중은행이 특별회원으로 중소기업중앙회에 가입하고 있다는 사정만으로 중소기업중앙회가 구 공직자윤리법 시행령 제33조 제2항에 해당한다고 볼 수는 없다. 이 부분 공소사실을 무죄로 판단한 원심판결에 검사의 주장과 같은 사실오인이나 법리오해의 위법이 있다고 할 수 없다. 검사의 이 부분 주장은 이유 없다.

① 피고인이 중소기업중앙회에 취업한 당시 시행되던 공직자윤리법 제17조 제1항 제2호는 취업제한기관의 하나로서, '제1호5)에 따른 사기업체의 공동이익과 상호협력 등을 위하여 설립된 법인·단체'를 규정하고 있고, 구 공직자윤리법 시행령 제33조 제2항은 위 규정에 따른 법인·단체의 범위에 대하여 '제1호6)에 따라 취업이 제한되는 사기업체가 가입하고 있는 협회로 한다'고 규정하고 있었다. 구 공직자윤리법 시행령 제33조 제2항은 공직자윤리법 제17조 제1항 제2호를 보완하여 구체화한 규정이므로, 결국 구 공직자윤리법령상 취업제한기관이 되는 협회는 사기업체가 가입하고 나아가 그 가입한 사기업체의 공동이익과 상호협력 등을 위하여 설립된 것이어야 한다.

② 중소기업협동조합법은 '중소기업중앙회의 회원은 정회원과 특별회원으로 한다'(제99조 제1항), '정회원이 될 자격은 연합회, 전국조합, 지방조합, 사업조합, 중소기업관련단체, 협동조합연합회'(제2항), '특별회원은 정관으로 정하는 바에 따라 경제단체와 중소기업 관련 단체 또는 중소기업 관련 기관 등으로 할 수 있다'(제3항)고 정하고 있다. 중소기업중앙회의 사업은 정회원의 권익 보호와 건전한 발전을 위한 사업 및 정부에

---

5) 자본금과 연간 외형거래액(「부가가치세법」 제29조에 따른 공급가액을 말한다)이 일정 규모 이상인 영리를 목적으로 하는 사기업체
6) 자본금이 10억 원 이상이고 연간 외형거래액(부가가치세가 면세되는 경우에는 그 면세되는 수입금액을 포함한다)이 100억 원 이상인 영리를 목적으로 하는 사기업체

대한 건의, 정회원에 대한 경영·기술 및 품질 관리에 관한 지도와 교육, 중소기업에 대한 조사·연구 및 교육 등 정회원과 중소기업에 관한 사업에 한정하고 있고 특별회원에 관한 사업은 규정되어 있지 않다(제106조). 중소기업중앙회는 정회원만 의결권과 선거권을 가지고, 정회원만 경비의 부과, 사용료와 수수료 징수 대상이 된다(제102조). 그 밖에 창립총회, 규약 또는 규정의 기재사항, 의사록, 설립인가, 총회, 이사회 및 임원 등에 있어서 회원은 정회원만을 의미한다(제105조, 제 125조). 이러한 규정을 모아 보면 중소기업중앙회는 기본적으로 정회원인 단체의 공동이익과 상호협력 등을 위하여 설립된 것으로 판단된다. 또한 중소기업중앙회의 특별회원은 정관으로 정하는 바에 따라 단체 내지 기관 등이 가입할 수 있는데, 중소기업중앙회에 몇몇 시중은행이 특별회원으로 가입하였다고 하더라도 중소기업중앙회를 그 몇몇 시중은행의 공동이익과 상호협력 등을 위하여 설립한 단체라고 할 수는 없다.

③ 대법원 판결(2020.2.13)

< 피고인 지철호의 공직자윤리법 위반 사건에 대한 원심 판결 중 검사의 상고에 대해 대법원 제2부가 2020년 2월 13일 판결한 것임 >

(피고인 지철호 부분만 발췌)

검사의 상고 이유에 대한 판단

원심은 판시와 같은 이유를 들어, 협회가 가입한 협회가 구 공직자윤리법 시행령(2018. 7. 2. 대통령령 제29013호로 개정되기 전의 것, 이하 같다) 제33조 제2항 본문에서 정한 취업이 제한되는 협회에 포함된다고 보기 어려우므로 중소기업중앙회는 위 규정에 따른 취업제한기관에 해당하지 않고, 시중은행이 특별회원으로 중소기업중앙회에 가입하고 있다는 사정만으로 이와 달리 볼 수 없다고 인정하여, 이 부분 공소사실을 무죄로 판단하였다.

원심판결 이유를 관련 법리와 적법하게 채택된 증거들에 비추어 살펴보면, 원심의 판단에 상고이유 주장과 같이 공직자윤리법에서 정한 취업제한기관에 관한 법리를 오해하거나 논리와 경험의 법칙에 반하여 자유심증주의의 한계를 벗어난 잘못이 없다.

● 참고문헌

1. 국내 자료

고토 아키라(後藤晃)·스즈무라 고타로(鈴村興太郎) 편저, 정병휴 역, 『일본의 경쟁정책』, FKI
　　　미디어, 서울, 2000. 6.

공정거래위원회, 한국개발연구원, 『공정거래10년 -경쟁정책의 운용성과와 과제-』, 1991. 4.

경제기획원, 『개발연대의 경제정책 -경제기획원 20년사-』, 경제기획원, 1982.

───────, 『공정거래백서 -새로운 경제질서를 향하여-』, 경제기획원, 1984. 6.

김인호, 『회고록 明과 暗 50년 -한국경제와 함께-』, 도서출판 기파랑, 2019. 11. 30.

김희수·서보학·오창익·하태훈, 『검찰공화국, 대한민국』, 도서출판 삼인, 2011. 2. 25.

변양호, 『변양호 신드롬』, 홍성사, 2013. 5. 24.

이상돈, 『공정거래형법』, 법문사, 2010. 11

이철호, 『식품위생사건 백서 I 』, 고려대학교출판부(초판 3쇄), 2007. 1. 15.

───, 『식품위생사건 백서 II 』, 고려대학교출판부(초판 2쇄), 2006. 10. 10.

이호영, 『독점규제법의 이론과 실무』, 서울, 홍문사, 2006.

임수빈, 『검사는 문관이다』, 서울, ㈜스리체어스, 2017. 5. 11.

지철호, 『독점규제의 역사』, 홀리데이북스, 2020. 10. 31.

홍순강, "일본 독점금지법상 불공정한 거래방법과 형벌 규정의 고찰", 경쟁저널 제1/3호,
　　　한국공정경쟁연합회, 2014. 3.

───, "일본 독점금지법과 형사 고발 ; 경쟁당국의 전속고발권을 중심으로", 경쟁저널 제
　　　193호, 한국공정경쟁연합회, 2017. 11.

「검찰연감」 DB(www.crimestats.or.kr) 중 방문판매법 접수·처리 인원

공정거래 통계연보(www.ftc.go.kr)

공정거래위원회, 2019. 10월 국정감사 제출자료.

공정위, 2018년 공정거래위원회 업무계획, 2018. 1. 26.

2. 언론 보도 자료

* 보도일자를 기준으로 정리한 것임(저자 주)

□ 2014년

10.10, 중기부, 의무고발 처벌 솜방망이, 내일신문, 17면

□ 2018년

1.26, "서울중앙지검 '4차장 체제'로 조직 확대", 경향신문, 인터넷 기사

1.31, 지성우 성균관대 법학전문대학원 교수, "'양날의 검' 전속고발권, 폐지는 신중히 검토해야", 아주경제, 3면

6.20, 수사받는 '경제검찰'.. 비위 덮은 정황, SBS, 8시 뉴스

——, '취업 제한 기관'에 버젓이 .. 부위원장도, SBS, 8시 뉴스

——, 공정위 적폐에 대한 수사로 보는 게 적절, SBS, 8시 뉴스

6.21, 檢, 공정위 전격 압수수색, 매일경제신문, 1면

——, 檢, 공정위 전·현 부위원장 '불법취업' 수사, 한국일보, 1면

——, 검찰, 공정위 압수수색…퇴직간부 불법취업 의혹, 한겨레

——, 검찰 "공정위, 자료 감췄다" 김상조 친위조직 수사, 중앙일보, 1면

——, 검찰, 공정위 전관예우에 칼 빼들다, 조선일보, 12면

——, 공정위 전·현직 부위원장 검찰 '취업 특혜' 수사, 서울신문, 8면

——, '전속고발권 폐지' 놓고 … 공정위 vs 검찰 기싸움 하나, 이데일리

6.22, 檢·공정위 전속고발권 다툼…'리니언시운영권' 핵심, 이데일리, 7면

——, 검찰, 공정위 군기잡기? 권한 남용 등에 불만 폭발한 듯, 한국일보, 1면

——, 검찰, 공정위 '대기업 봐주기' 의혹 80여 건 조사 검토, 한겨레, 8면

——, 공정위·檢 '리니언시' 놓고 2라운드, 국민일보, 1면

——, 공정위 심장 겨눈 檢, 전속고발권 폐지 '살바싸움'?, 세계일보, 16면

——, 공정위의 경고 처분, 법적 근거 없었다, 한국일보, 10면

——, 기업유착 수사냐, 전속고발권 폐지 둘러싼 氣싸움이냐, 서울경제, 8면

——, 리니언시까지 넘기라는 檢…버티는 공정위 손보기?, 서울신문, 9면

——, 석연찮은 제도 운영으로 검찰 수사 자초한 공정위, 경향신문, 인터넷 기사

6.23, 공정위 부위원장 '불법 취업' 혐의 입건됐는데… "취업제한기관 명시 안됐다" 강변하는 공정위, 한겨레, 8면

6.26, [단독] 檢 신세계페이먼츠 압수수색 … 퇴직자 특혜 취업 의혹 수사 확대, 서울경제

——, [단독] 검찰, 대림산업·신세계페이먼트 등 압수수색 … 공정위 전 간부 공직자윤리법 위반 의혹

——, 경향신문, [단독] 검찰, 인사혁신처 압수수색 … 공정위 출신 불법취업 의혹, 한겨레, 인터넷 기사

6.27, 검찰, 전속고발권 갈등 공정위 흠집내기 수사 논란, 연합뉴스TV, 인터넷 기사

7. 3, 공정위-검찰 '리니언시' 놓고 힘겨루기, 한국일보, 15면

7. 4, [단독] 檢, 공정위 운영지원과장 소환 … 취업알선 의혹 조사, 동아일보

7. 5, [단독] 검찰, 현대·기아차, 쿠팡 등 압수수색 … 공정위 간부 특혜 취업 의혹, 한국일보

7. 6, [단독] 공정위, 수년간 퇴직자 10여명씩 대기업 취업 알선, 한겨레, 1면

——, [단독] "공정위 퇴직자 특혜 재취업, 보고라인 거쳐 위원장이 승인", 동아일보

——, [단독] "기재부 국장도 중기청 차장도 심사없이 취업" 수사 단서 된 지철호 '물귀신' 이메일, 한겨레, 10면

——, [단독] 공정위는 퇴직 전 '경력 세탁'…기업은 '억대 연봉' 제안, 한겨레, 10면

7. 9, 혀를 내두르게 하는 공정위의 '재취업 비리' 의혹 한겨레, 27면

7.10, [단독] 검찰, 공정경쟁연합회 압수수색 … 공정위·기업 연결 창구 의심, 한겨레, 인터넷 기사

——, 취업제한기관인 줄 몰랐다는데…, 한겨레, 인터넷 기사

7.11, "인사 앞둔 검찰, 조직도 손본다", 한국일보, 인터넷기사

7.14, [Why] 공정위 압수수색한 검찰의 속내는…재벌 수사 주도권 갈등?, 조선일보, 인터넷기사

——, 공정위 퇴직자들은 뒷돈, '공경연'은 로비·돈세탁 창구 의혹, 한겨레 11면

7.19, 재취업 강압 공정위의 '갑질 불감증', 한겨레, 인터넷 기사

7.25, 공정위 특혜취업 수사 정점으로…정재찬 오늘 소환, 한겨레, 12면

7.26, [단독] 檢, 김학현 등 前 공정위 간부 이르면 26일 영장, 동아일보

7.27, [단독] "고시 출신 2억5천, 비고시는 1억5천" 공정위, 재취업 연봉까지 정해줬다, 한겨레, 12면

——, [단독] 공정위, 대기업에 OB채용 조직적 강요, 한국일보

7.30, [단독] 공정위 "고령자 적체 해소" 명시 '자회사 인사'내듯 기업에 꽂았다, 한겨레, 9면

8. 8, [단독] "공정위, 법적근거 없는 가이드라인으로 기업 규제", 조선비즈

——, [단독] "공정위 의견서만 있으면 재취업 무사통과", MBC

8. 9, [단독] 공정위 "재취업자 공무원 정년 맞춰라" 퇴직도 직접 관리, 한겨레, 인터넷 기사

8.10, [단독] 박근혜 前대통령, 관피아 문제 삼자 … 공정위 "퇴직자 재취업 방침 바꾸자", 동아일보

8.14, '불법 재취업' 지철호 공정위 부위원장 피의자 조사, 한겨레, 10면

8.19, [단독] 억대 연봉에 골프·학자금 요구 … 경제검찰 공정위 '재취업 갑질', 매일경제

——, [단독] "1년차 1억9천, 2년차 2억9천 달라"… 공정위의 치밀한 취업 갑질, 매일경제

8.21, "고개 숙인 김상조" 퇴직자 이력 10년간 공시…현직과 접촉 금지, 서울신문, 2면

——, 공정위, 퇴직자 재취업 손떼…유료 강의도 금지, 서울경제신문, 8면

——, 직원 엑소더스…공정위 '휘청', 국민일보, 1면

8.22, 개인도 '불공정행위 중지 청구' 가능… 재계 "소송 남발 우려", 동아일보, 6면

——, 檢·공정위 '두 개의 칼' 기업 겨눈다, 한국경제신문, 1면

——, 檢에도 담합수사권… 또 기업옥죄기, 매일경제신문, 1면

——, 검찰도 담합 수사 가능… 재계 "고발 남용 우려" 초긴장, 중앙일보, 3면

——, 검찰도 쥔 기업 채찍… 재계 "저승사자가 둘로 늘었다" 초긴장, 조선일보, 4면

——, [단독] 공정위 간부 딸, 2개월 만에 현대차그룹 합격 '일사천리', 한겨레, 인터넷 기사

——, 공정위 '전속고발제 폐지'…檢 '2개의 칼' 받았다, 국민일보, 1면, 재계는 "이중 조사 우려", 한겨레, 4면

——, 전속고발권 폐지… 기업에 또 '사법올가미', 서울경제신문, 1면

——, 중대 담합사건 檢 수사 활성화 예고… 바짝 긴장하는 재계, 세계일보, 2면

8.26, [단독] 엉터리 재취업 심사자료로 '낙하산'… 관행이라는 공정위, 매일경제

8.29, '공직자윤리법 위반 기소' 공정위 부위원장 사임 안 한다, 연합뉴스, 인터넷 기사

10.11, "울먹거린 김상조", 조선일보, B3면

11.21, '보유주식 허위 신고' 이명희·김범수 벌금 1억, 경향신문, 인터넷 기사

□ 2019년

2. 1, '공정위' 김상조-지철호 갈등 풀릴까, 한국일보, 17면,

──, "불법 재취업 무죄" 지철호 공정위 부위원장 7일 업무 복귀, 이데일리, 인터넷 기사

──, '불법 재취업 혐의' 지철호 무죄 김상조 위원장, 업무 복귀시키나, 한국경제, 14면

──, 지철호 부위원장, 공직자 윤리법 혐의 1심 무죄, 전자신문, 22면

──, 지철호, 취업비리 무죄, "업무 복귀 협의하겠다", 서울경제, 28면

□ 2020년

2. 27, '계열사 공시 누락' 김범수 카카오 의장 무죄 확정, 서울경제신문, 인터넷 기사

7. 11, 황운하, "검찰 직접수사권 없어지지 않는 한 검찰개혁 실패한다", 경향신문, 인터넷 기사

10. 29, "2018년 전속고발제 폐지는 조국·박형철 민정라인 주도", 국민일보, 1면

11. 16, 김기문 중소기업중앙회장, 공정위 전속고발권, 현행 유지돼야, 한국경제신문 시론, 39면

12. 10, 민주, 전속고발권 뒤집기… 당청 '유지' 쪽으로 사전 결론냈었다, 한겨레, 5면

──, 민주당 내부서 "공정거래법 후퇴는 잘못" 전속고발권 폐지 재추진론 등장… 왜?, 경향신문, 인터넷기사

──, 40년 만에 공정거래법 전면개정, 전속고발권 유지, 내일신문, 10면

──, 소위 통과 뒤 法 바꿔치기한 與, 입법 아닌 집단 사기, 조선일보, 35면

──, '우여곡절' 공정거래법 통과 하루만에… 與 내부 '전속고발권 폐지' 재추진론, 한국경제신문, 인터넷 기사

──, 전속고발권 유지→폐지→유지… 이런 국회는 없었다, 매일경제, 8면

──, '전속고발권 유지→폐지→유지' 후폭풍… 與 "개혁후퇴" 일부 반발, 조선Biz, 인터넷 기사

──, 정의당 "대통령 공약까지 뒤통수 맞아… 與 간교함의 극치", 조선일보, 5면

──, 정의당 속인 민주당, '전속고발권 폐지' 돌려놔라, 한겨레, 23면

□ 2021년

1. 15, '지분현황 허위신고' 롯데 계열사들 벌금 대폭 감경, 연합뉴스, 인터넷기사

3. 외국 자료

Daniel A. Crane, 『The Jnstitutional Structure of Antitrust Enforcement』, Oxford University Press, New York, 2011.

Department of Commerce and Labor - Wikipedia(Google 검색)

公正取引委員會 事務總局, "入札談合の防止に向けて ~獨占禁止法と入札談合等關與行爲 防止法~", 平成30年(2018) 10月版.

楠 茂樹, "入札談合に對する處罰による解決とそれ以外の解決", 産大法學 40卷 1号, 京都 産業大學 法學會, 2006.7.

西村暢史, 泉水文雄, "原始獨占禁止法の制定過程と現行法への示唆", 競爭政策硏究センタ 共同硏究, 2006年 9月.

鈴木孝之, "獨占禁止法における刑事罰制度の機能", 白鷗大學法科大學紀要 第4号, 2010年 10月.

日本辯護士協會, "獨占禁止法硏究會報告書に對する意見書", 2003.11.21.

日本經濟法學會, 『獨占禁止法 改正』, 日本經濟法學會 年報 第26号(通卷 48号), 有斐閣, 2005.9.

田中誠二, 菊地元一, 久保欣哉, 福岡博之, 坂本延夫, 『コンメンタール 獨占禁止法』, 勁草書 房, 東京, 1981.

平林英勝, "獨占禁止法制1條の起草過程とその背景および意義", 筑波ロ·ジャナル, 2007.3 創刊號.

泉水文雄, 西村暢史, "原始獨占禁止法の制定過程と現行法への示唆 -公取委の組織, 司法制 度, 損害賠償, 刑事制度-", www.yahoo.co.jp 검색.

黑野將大, "獨立行政委員會の中立性と獨立性 「强い首相」下の權力分立-", 一橋ロ-レビュ-, 第4号, 2020年 6月.

公正取引委員會 年次報告(www.jftc.go.jp)

公取委, 塩ビ管のカルテル疑惑 刑事告發を斷念; 化學業界の話題, 2008.5.8.,

(http://knak.cocolog-nifty.com/blog/2008/05/post_d227.html 검색)

● 저자후기

이 책을 쓰면서 떠오른 단편적인 생각들을 하나 둘 모았는데 그냥 두서없이 자유롭게 나열하기로 한다.

(생각 1) *"기록은 기억보다 오래간다."*

인간은 망각의 동물이어서 시간이 지날수록 과거의 일을 잊는 것은 당연하다. 그런데 기록해 둔 일은 잃어버리는 수는 있어도 잊혀지는 일은 없다. 나의 선친이 항상 기록하는 것을 강조하며 직접 실천했던 말이었다. 이런 선친의 영향에 따라 나도 중요한 일을 기록하는 습관이 있다.

이 책의 많은 부분은 기록의 결과를 정리한 것이다. 나는 공정위에 대한 검찰의 수사 단계부터 기소, 재판 과정, 그 이후의 사태 전개에 이르기까지 여러 일들을 수시로 기록했고, 관련 자료들을 모아두었다. 이것을 활용하여 책을 쓰면서 기록이 기억보다 오래간다는 말을 다시 한 번 실감했다. 이 책은 이렇게 해서 만들어지게 됐다.

(생각 2) 주유소 습격 사건 *vs* 공정거래위원회 습격 사건

책을 쓰면서 초반부터 2018년 6월 검찰의 공정위 수사를 어떻게 쓰고 그 제목을 어떻게 붙일지 많은 고민을 했다. 그러다 불현 듯 언젠가 보았던 '주유소 습격 사건'이라는 영화와 그 제목이 생각났다. 1999년 개봉한

김상진 감독의 코미디영화였다. 속칭 4명의 건달이 야심한 시각에 편의점에서 라면을 먹다 인근 주유소를 습격하면서 벌어지는 온갖 해프닝을 코믹하게 영상에 담았다.

검찰이 했던 수사를 습격이라고 표현하는 것이 적절한지 또 고민이 됐다. 사회 정의를 위해 노력하는 또 다른 검찰들이 생각났기 때문이다. 그렇지만 공정위를 수사했던 당시의 검찰은 보통의 검찰들과는 달랐다. 그래서 영화 제목을 그대로 빌려 썼다.

(생각 3) 작심하고 쓴 책과 우연히 쓴 책

공정위 부위원장으로 근무하면서 검찰 수사를 받고 기소됐다. 기소됐다고 아무런 근거나 선례도 없이 업무배제라는 상태가 됐다. 이 기간에 벌어진 일들을 메모하며 나중에 책으로 써야겠다고 작심했다. 지금 쓰고 있는 책이 바로 이 책이다.

그런데 업무배제 기간이 길어지면서 이런 저런 자료들을 읽고 정리하다가 그 내용을 먼저 책으로 발간했다. 여러 자료들이 너무 유익했고 업무배제 기간이 6개월 정도로 길어지면서 책으로 만들기에 충분했다. 2020년 10월 발간한 '독점규제의 역사'는 이처럼 우연히 쓴 책이었다.

두 책은 모두 공정위의 전속고발을 둘러싼 갈등을 계기로 발간됐다. 책 발간 순서를 지금처럼 한 것은 독점규제의 역사를 먼저 살펴보고, 전속고발 갈등을 나중에 다루는 것이 적절하다고 보았기 때문이다. 순서를 바꿨다면 전속고발을 두고 정부 기관들이 서로 다투는 모습으로 더 비춰졌을 것이다.

전속고발 폐지론을 크게 3가지 유형으로 나누어 보았다.

첫째는 무식형(無識型)으로 전속고발에 대해서 법조문 정도를 알고 있는 유형이다. 전속고발 조항이 일본과 한국에만 있다거나, 공정거래법이 일본 제도를 모델로 하여 졸속 제정되다보니 이런 조항이 포함됐다는 수준의 지식을 갖춘 경우도 해당된다. 전문가라고 하지만 실제로 이 유형에 해당하는 경우가 많은 실정이다.

둘째는 이상형(理想型)으로 전속고발에 대해 상당한 지식이 있고 이를 유지할 필요성이나 폐지 시 부작용에 대해서도 일부 공감하지만 공정거래질서를 확립해야 한다는 이상적인 생각이 앞서서 폐지를 주장하는 유형이다.

셋째는 후흑형(厚黑型)이다. 후흑은 중국 청나라 말기의 이종오가 저술한 책에 나오는 용어로 두꺼운 얼굴을 뜻하는 면후(面厚)와 시커먼 속마음을 뜻하는 심흑(心黑)의 줄인 말인데, 본심을 겉으로 표시하지 않고 폐지를 주장하는 유형이다. 전속고발이 왜 도입되었고 무슨 역할을 하는지, 폐지 시 예상되는 부작용에 대해서도 어느 정도 알고 있지만 폐지를 주장한다. 폐지로 얻을 수 있을 이해관계를 생각하는 유형이기 때문이다.

이런 3개 유형의 폐지론이 혼재된 상태이지만 후흑형이 계속 확산되는 경향이다. 앞으로 전속고발을 폐지하려는 시도가 줄어들기는커녕 늘어날 것으로 예상되어 걱정이다.

(생각 5) "*산은 산이요 물은 물이로다(山是山 水是水).*"

조계종 종정을 지내셨던 성철 스님의 법어(法語)로 많은 사람들의 입에서 입으로 전해진 말이다. 너무 당연한 말이어서 알듯 하지만 큰 스님의 법어에 심오한 뜻이 담겼을 것이라고 생각하면 도무지 알 수 없을 것 같기도 하다. 일반 대중의 입장에서 그냥 어떤 근본적인 것을 강조하거나 기본적인 상식을 말씀하신 것으로 이해하는 정도로 짐작할 수밖에 없다.

이 상태에서 "공정위는 공정위요 검찰은 검찰이로다"라고 바꿔보면 이 말을 이해하는 실마리가 풀릴 것 같다. 각 기관의 본질에 관한 지적으로 너무나 당연한 말이다. 그렇다면 다시 한 번 바꿔서 "공정위가 검찰이고 검찰이 공정위로다"라고 하면 이것은 근본이 뒤집힌 것이고 상식이 통용되지 않는 혼란을 지적한 말이라고 하겠다.

주위에 근본과 상식을 뒤흔드는 일이 일어날 수 있겠지만 일어나지 말아야 할 일도 있다. 전속고발 폐지는 공정위와 검찰의 근본을 뒤흔드는 것이고 상식을 뒤엎는 일이다. 일어나지 말아야 한다. 성철 스님이 살아 계셨다면 산은 산이요 물은 물이라고 다시 한 번 크게 일갈하셨을 것 같다.

(생각 6) "전속고발제 폐지는 역사를 거스르는 것이다."

'독점규제의 역사' 책을 발간하고 여러 언론매체에서 발간 소식을 보도하면서 인터뷰를 하기도 했다. 2020년 10월 21일자 연합뉴스는 "전속고발제 폐지는 역사를 거스르는 것"이라는 제목으로 보도했다. 책을 쓰면서 쓰고 싶은 표현이었지만 역사를 거론하는 것이 부담스러워 묻어둔 표현이었다.

이런 부담을 한번 겪어서였는지 몰라도 이번 책에서는 "전속고발이 폐지에서 유지로 된 것은 천만다행이고 '역사의 순리'였다"라고 썼다. 독점 규제의 역사, 다른 나라의 집행 현황 등을 이해할수록 전속고발 폐지는 역사를 거스르는 것이라는 믿음이 솟구친다.

아무리 좋은 자료가 많이 있어도 원고로 만드는데 절대적인 시간과 노력이 필요했다. 원고 작성에 매달리느라 고려대 미래성장연구소 일을 뒤로할 수밖에 없었는데 연구소 여러분들에게 이 자리를 빌어서 사죄드린다. 그리고 지난번에 이어 이번 책 발간에 수고해준 두 사람에게 특별히 감사하다는 말을 전한다. 한 사람은 이 책 편집과 출판을 맡아준 홀리데이북스 권이지 대표이고, 다른 한 사람은 원고를 처음부터 끝까지 읽고 문장을 다듬어 준 아내이다.

2021년 8월 당산동에서

전속고발 수난시대

2021년 9월 10일 초판 1쇄 발행

지은이   지철호
펴낸이   권이지
편 집   권이지·이정아

인 쇄   성광인쇄
펴낸곳   홀리데이북스
등 록   2014년 11월 20일 제2014-000092호
주 소   서울시 금천구 가산디지털1로 168 우림라이온스밸리 B동 712호

전 화   02-2026-0545
팩 스   02-2026-0547
E-mail   editor@holidaybooks.co.kr

ISBN   979-11-91381-03-0 03300